JN033348

在宅勤務にも活用できる！

今さら聞けない

パソコン仕事の効率アップ50

森田圭美 著

株式会社ビジネスプラスサポート 監修

同文舘出版

"今だから"身につけたいパソコンスキル

　昨今は、リモートワークの普及もあり、仕事に「かけた時間」より「成果」が一層重要視されてきています。求められるのは、ミスのない仕事だけでなく、効率がよい仕事の仕方です。

　パソコンスキルは効率アップに直結しますが、あなたのパソコンスキルは、5年前10年前から止まったままになっていませんか?

　パソコンが苦手な人によくある"つまずきポイント"は、難しい機能よりも、「習うほどでもない」「できている」と見過ごされる基本機能に多く含まれます。

　パソコン仕事では、すべての機能を網羅している必要はありません。現場で使える機能をピンポイントで押さえることで、時短・ミス削減、イライラ解消を実現します。

　出社・在宅と、働き方の多様性が増して、「ちょっと教えて」と隣りの人に聞くことが難しい今こそ、パソコンスキルをアップデートして、「時間」枠から「成果」枠への転換期を乗り越えましょう。

　例えば、「名前を付けてファイルを保存する」操作は、マウスだけで行なうと、見慣れた「名前を付けて保存」の画面までクリックが3回は必要です。それが、ショートカット

キーなら、【F12】を押すだけ。

　いつもなら細々とやっている仕事でも、ひとつの動作、ひとつの設定で、グンと時短になり効率が上がることはもちろん、操作の度の「めんどうだな〜」がなくなります。

　そう、改善は「微の集積」なのです。

　本書では、ボタンやショートカットメニューに表示がなくて気がつきにくい、けれども使用頻度が高い「そんなことできたんだ！」「こんなに簡単にできるのか！」と思っていただける便利機能を50個集めました。

　まずは、ぱらぱらっとページをめくって、気になる項目があったら、ぜひすぐに実践してみましょう！

在宅勤務にも活用できる！
今さら聞けない
パソコン仕事の
効率アップ 50

CONTENTS

はじめに —— "今だから"身につけたいパソコンスキル

1章　Excel はもっと楽に！簡単に！

2 章　あなたの知らない Wordの実力

3 章 かしこく使おう Power Point

4 章 データは共有・使いまわして活かす

5 章 ビジネスメールの行き違いを減らす

6 章 これだけ覚える厳選ショートカット

7 章　データの整理整頓で探すムダをなくす

8 章　在宅勤務は仕事を磨くチャンス！

カバーデザイン　池田香奈子
本文デザイン　　松好那名〈matt's work〉

本書の内容は2021年1月現在のものです。Windows10を基本としていますが、他のバージョンでも基本的な動作や考え方は同じです。

本書のマーク・読み方ガイド

お役立ち場面アイコン	⏱ 時間短縮　　📄 毎日使える ☑ MUST　　✨ 実力UP　　👍 ミスゼロ
Theme ▷	各ソフトのコマンド(命令)名 ヘルプやインターネットで調べる時は、 この名称をキーワードにして検索しましょう
【　】	キーボードのキーの名称
【　】+【　】	ショートカットキー 例:【Alt】+【Enter】…【Alt】キーを押しながら 　　【Enter】キーを押す
[　]→[　]	リボン名・ボタン(コマンド)名 例:[挿入]→[表]→[罫線を引く] 　　…「挿入」リボンの「表」をクリックし、 　　　「罫線を引く」をクリックする

1 章

Excel はもっと楽に!
簡単に!

　Excel は仕事で一番使う頻度が高いソフトでしょう。マス目が列・行に並んだ方眼用紙が最初から表示され、作業がイメージしやすいため、教わらなくても " なんとなく " 使えてしまいます。しかし、この " なんとなく " に大きなムダが隠れているのです！

　例えば、作成した表の項目の並びを入れ替えたい時、空白列を挿入して、コピーして貼り付けて……なんてまわりくどい操作をしていませんか？　一発で完了する操作を覚えれば、さくさく仕事が進み爽快です。

01

基本はデータ！
3つのポイントをおさらいしよう

▷ セルに入力する値

日本語入力はオフ

　表作成のスタートはデータ入力です。まずは入力の基本を再確認しましょう。

　Excel の起動時、入力モードは「日本語オフ（半角英数)」です。日本語変換が必要な時だけ、【半角／全角】キーで日本語入力をオンにします。

おさらい1：データの種類の違い

　セルに入力するデータは、数値と日付、文字などです。入力すると、データの種類によって「右揃え」などの書式が設定されます。

	A	B	
1	数値	100	計算の対象となる 右揃え
2	日付	2021/2/21	
3	文字	ABC	計算の対象とならない 左揃え

　ひとつのセルに入力できるのは、1種類のデータだけです。セルに「100円」と入力すると、データは文字として扱われて、計算の対象となりません。

「100」と入力して「100円」と表示したい時は、「セルの書式」で設定します（34ページ参照）。

おさらい2:セルの表示と数式バーの違い

　セルに入力した足し算やかけ算、関数などの「式」は、表上部の数式バーに表示され、セルには「戻り値」と呼ばれる数式の結果が表示されます。

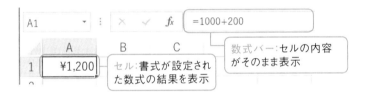

おさらい3:セル入力で使うキー

・セル内で改行する【Alt】+【Enter】

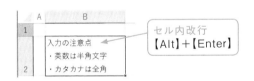

・複数セルに一度に入力する【Ctrl】+【Enter】

	A	B	C	D	E
1					
2		4月	5月	6月	合計
3	HR-10	315	296	301	
4	BB-20	176	185	196	
5	HL-10	254	484	525	
6					

①複数セルを選択
②文字を入力
③【Ctrl】+【Enter】

02

連番・日付はドラッグで入力

▷ オートフィル（ドラッグ操作）

　連続する数値や日付は、元になるセルにだけ入力して、ドラッグやダブルクリックすることで「連続データの自動入力」や「コピー」ができます。

連続データを自動入力する

①セルの「フィルハンドル」をポイントし、マウスポインタが + の形状でドラッグする

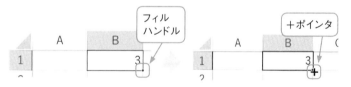

②セル右下の［オートフィル オプション］をクリックして、入力するデータの種類を選択する

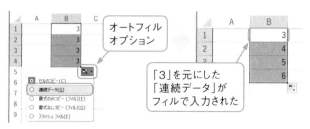

数値データは【Ctrl】＋ドラッグで、連続データを入力できる

[オートフィル オプション]の項目

［オートフィル オプション］の項目は、元データの種類に
よって異なります。

数値データ

- ⦿ セルのコピー(C)
- ○ 連続データ(S)
- ○ 書式のみコピー (フィル)(F)
- ○ 書式なしコピー (フィル)(O)
- ○ フラッシュ フィル(F)

文字・式

- ⦿ セルのコピー(C)
- ○ 書式のみコピー (フィル)(F)
- ○ 書式なしコピー (フィル)(O)
- ○ フラッシュ フィル(F)

日付データ

- ○ セルのコピー(C)
- ⦿ 連続データ(S)
- ○ 書式のみコピー (フィル)(F)
- ○ 書式なしコピー (フィル)(O)
- ○ 連続データ (日単位)(D)
- ○ 連続データ (週日単位)(W)
- ○ 連続データ (月単位)(M)
- ○ 連続データ (年単位)(Y)
- ○ フラッシュ フィル(F)

ダブルクリックでオートフィル

　フィルハンドルを**ダブルクリック**すると、**隣り合う列の入
力済み行まで**「オートフィル」を実行します。広い範囲の
オートフィルで便利です。

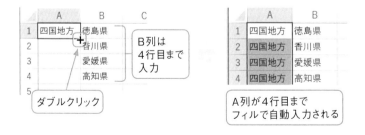

半角数値を含む文字列も、
オートフィルで「連続データ」を入力できる!

「ユーザー設定リスト」に オートフィルで使うリストを追加する

フィルでは数値や日付のほか、「ユーザー設定リスト」の データも入力できます。

「ユーザー設定リスト」は、「並べ替え」の順序にも使えます。

①［ファイル］タブ→［オプション］→［詳細設定］をク リックし、［全般］の［ユーザー設定リストの編集］をク リックする

②「リストの項目」に項目を【Enter】で区切って入力し、 ［追加］をクリックする

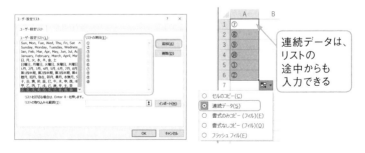

連続データは、 リストの 途中からも 入力できる

03

数式を使わず、
姓と名をひとつのセルにする

▷ フラッシュフィル（Excel 2013以降）

　［フラッシュ フィル］の機能を使うと、別々のセルの文字
を「=A1&B1」のような式を使わずに、結合できます。

フラッシュフィルで文字を結合する

①結合した文字を表示したい先頭セルに、サンプル（結合
　例）を入力して、フィルハンドルをドラッグ（ダブルク
　リック）する

「姓＋名」のサンプルを
入力してフィルを実行

②［オートフィルオプション］ボタン→［フラッシュフィ
　ル］をクリックする

フラッシュ
フィルを
クリック

サンプルの
ルール（姓＋名）
で結合して
フィル入力

規則性のある文字列は、フラッシュフィルで「分割」できる

　逆のパターンとして、文字列に規則性があれば、文字列を
それぞれのセルに分割することもできます。

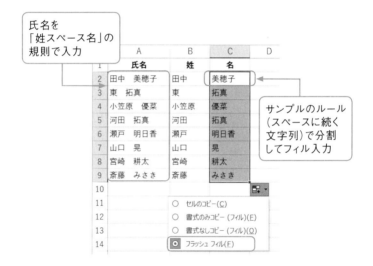

氏名を
「姓スペース名」の
規則で入力

サンプルのルール
（スペースに続く
文字列）で分割
してフィル入力

04

日本語オンオフの ひと手間をなくす

▷ 入力規則

「入力規則」はセルに入力するデータに**条件を設ける**機能です。入力の負担を減らすだけでなく、入力ミスと文字入力のゆれ（表記のばらつき）を減らすことができます。

日本語入力を自動で切り替える

入力規則の中でもイチ押しの設定が、［日本語入力］タブです。「オン」に設定すると、セル選択のタイミングで、自動で日本語入力がオンになります。Excelの起動時は「日本語入力がオフ」のため、日本語入力に切り替える手間が省けます。

① 日本語入力を行なうセルを選択し、［データ］タブ → ［データの入力規則］をクリックする

② ［日本語入力］タブで、「日本語入力」を「オン」に設定する

日本語入力 「オン」を設定

セルを選択すると 日本語入力が自動で「オン」

日本語入力の初期設定は「コントロールなし」です。数値や日付を入力するセルは「オフ（英語モード）」に設定しておけば、【Enter】1回でセルに入力できます。

リストから選んで入力する

　入力規則の［設定］タブで、入力値の種類を「リスト」に設定すると、あらかじめ設定した項目から選んで入力することができます。

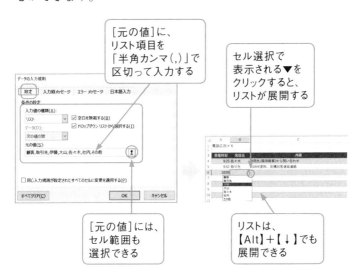

［元の値］に、
リスト項目を
「半角カンマ(,)」で
区切って入力する

セル選択で
表示される▼を
クリックすると、
リストが展開する

［元の値］には、
セル範囲も
選択できる

リストは、
【Alt】＋【↓】でも
展開できる

入力規則の設定がなくても、【Alt】+【↓】で、
同じ列に入力されている文字データをリスト表示できる

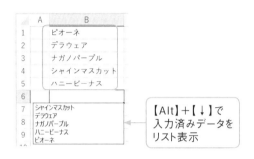

【Alt】+【↓】で
入力済みデータを
リスト表示

セルに入力できる数値を制限する

① [データの入力規則] → [設定] タブで、入力する値の条
件を設定する

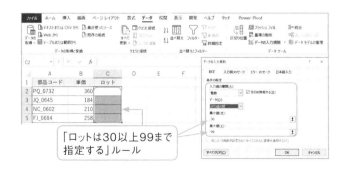

「ロットは30以上99まで
指定する」ルール

② ［入力時メッセージ］タブで、セルが選択された時にポップアップで表示するメッセージを設定する

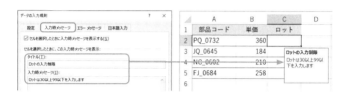

③ ［エラーメッセージ］タブで、［設定］タブの条件以外のデータが入力された時に表示するメッセージを設定する

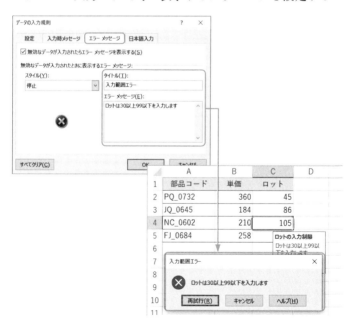

05

マウス腱鞘炎を防げ!
キーボードでサクッと選択

▷ Excelの範囲選択

Excel

　便利なマウスですが、入力中はキーボードから手を離して持ち替えてドラッグやクリックするので、時間のムダが発生します。効率よく作業するポイントは使い分け。スクロール不要の狭い範囲はマウスで、広い範囲はキーボードが活躍します。

肝は【Ctrl】と【Shift】の使い分け

　アクティブセル（操作対象のセル）の移動と、セル範囲の選択には、【方向キー↑↓←→】と【Ctrl】と【Shift】を使います。

・【方向キー↑↓←→】：アクティブセルの**移動**
・【Ctrl】＋【方向キー↑↓←→】：アクティブセルが入力データの端まで**ジャンプ**
・【Shift】＋【方向キー↑↓←→】：隣り合う範囲を**選択**

	A	B
1		
2		
3	No.	担当者
4	1	伊藤
5	2	古田
6	3	伊藤
7	4	小川
8	5	高野
9	6	
10	7	高野
11	8	東

衣料品 売上一覧

No.	担当者	商品名	日付	分類	単価	数量	金額	店舗名
1	伊藤	ブラウス	2021年4月1日	婦人服	7,800	20	156,000	横浜店
2	古田	スラックス	2021年4月1日	紳士服	12,800	13	166,400	東京店
3	伊藤	スカート	2021年4月1日	婦人服	9,800	10	98,000	横浜店

アクティブセルB4で【Ctrl】＋【方向キー（↓）】を押すとB8へ

アクティブセルB5で【Ctrl】＋【方向キー（→）】を押すとI5へ

広い範囲の選択で便利

・範囲の先頭セルを選択→範囲の最後のセルを【Shift】を押しながらクリック

先頭セルA3を
クリック

終点セルI17を
【Shift】+クリック

連続するデータ範囲を一気に選択する

・範囲の先頭セルを選択→【Ctrl】+【Shift】+【方向キー ↑↓←→】を押す

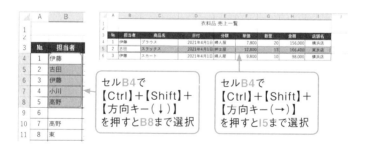

セルB4で
【Ctrl】+【Shift】+
【方向キー（↓）】
を押すとB8まで選択

セルB4で
【Ctrl】+【Shift】+
【方向キー（→）】
を押すとI5まで選択

作成した表の範囲全体を選択する

・表内のセルを選択し、【Ctrl】+【A】を押す（「ALL」の「A」で覚えやすい）

・【Ctrl】+【A】を2回押すと、シート全体が選択される

うっかり[F8]に気をつけて!

【F8】は「選択範囲の拡張」モード。押したことに気づか
ず、マウスで範囲選択しようとしても思うように操作できず、
「データが壊れた!?」と慌てそうになります。【ESC】または
【F8】で解除しましょう。

14	11		ジャケット	
15	12	宮井	スーツ	
16	13	野添	ブラウス	
17	14	坂本	ワイシャツ	
18	15	東	ワンピース	
19	16	高野	スラックス	🖼
20	17	野添	スカート	

Sheet1 ⊕

選択範囲の拡張

アクティブセルを効率よく移動するショートカットキー

【Home】	行の先頭セルに移動
【Ctrl】+【Home】	A1セルに移動
【Ctrl】+【End】	データが入力されている最後のセルに移動
【Alt】+【Page Up】	1画面左にスクロールして移動
【Alt】+【Page Down】	1画面右にスクロールして移動

列や行を1操作で入れ替える

▷ 移動挿入

列や行を入れ替えたい時、データがあるセルに選択範囲をドラッグすると「既にデータがありますが、置き換えま

すか?」と"上書きしますよ"のメッセージが表示されてしまいます。列・行・セルの入れ替えは、【Shift】とドラッグで「移動挿入」します。

列を入れ替える

列だけでなく、行やセルも移動挿入が実行できます。

①移動したい列(例:C列)を列選択し、選択範囲の境界線をポイントする

②マウスポインタが ✛ の状態で、【Shift】を押しながら、移動先(A列とB列の間)にドラッグを開始する

③移動先（A列とB列の間）に緑色の太線が表示されたら、
ドラッグを終了し、【Shift】から指を離す

移動挿入の操作のポイント

　ポイントは、ドラッグを終了してから、【Shift】の指を離
すこと。マウスより先にキーを離すと、「置き換えますか？」
のメッセージが表示されます。

　セルが列方向（A1〜H1など）に結合されていると、列
単位の移動挿入ができません。セル結合を解除するか、セル
範囲を選択して移動挿入を実行します。セル結合を使わず
に、表の中央にタイトルを配置する方法は、32ページを参
照してください。

07

書式設定が見やすい表の決め手

▷【Ctrl】+【1】（書式設定のショートカット）

　フォントや配置・表示形式など「セルの書式」は［ホーム］タブのリボン内のボタンで手軽に設定できますが、［セルの書式設定］には、リボンのボタンにない便利な設定が隠れています。

［セルの書式設定］を1秒で呼び出す

　［セルの書式設定］には、6つのタブがあります。よく使う機能なので、「画面を開く」「タブを切り替える」の動作はショートカットキーを使いましょう。

①書式を変更したいセルを選択し、【Ctrl】+【1】を押す
　（テンキーの【1】は対応していない）

②【Ctrl】+【Tab】でタブを切り替える

［表示形式］でマイナス数値を赤字や△で表示する

　Excelの書式では、数値の見せ方を左右する［表示形式］は重要な設定です。

① ［セルの書式設定］（【Ctrl】+【1】）を開く

② ［表示形式］タブを選択し、［分類］の［数値］をクリックする

③ 「小数点以下の桁数」「桁区切り（,）を使用する」「負の数の表示形式」をそれぞれ変更して、［OK］をクリックする

「負の数の表示形式」は、タブのリボン内のボタンでは設定できない

注意！　小数第3位は、書式で四捨五入されているだけで、セルの入力値は変わらない

セル結合を使わずに
表のタイトルを中央に置く

▷ 選択範囲内で中央

［セルの書式設定］の［配置］タブでは、セルを結合せずに、表の中央にタイトルを表示できます。

表の中央にタイトルを配置する

①表のタイトルを入力し、表の最右列のセルまでを選択する

A1	▼	:	×	✓	fx	衣料品 売上一覧			
	A	B	C	D	E	F	G	H	I
1	衣料品 売上一覧								
2									
3	No.	日付	商品名	分類	担当者	単価	数量	金額	店舗名
4	1	2021年4月1日	ブラウス	婦人服	伊藤	7,800	20	156,000	横浜店
5	2	2021年4月1日	スラックス	紳士服	古田	12,800	13	166,400	東京店

②［セルの書式設定］（【Ctrl】+【1】）を開く

③［配置］タブ→［横位置］の「選択範囲内で中央」をクリック

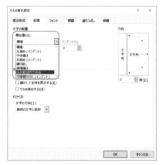

A1～I1列の中央にタイトルが表示
されているが、結合ではないので、
個々のセルを選択できる

セル結合をおすすめしないワケ

　範囲選択や移動挿入、並べ替え、フィルター（抽出）、な
ど、セル結合に邪魔される場面は少なくありません。印刷目
的などでセル結合が必要な場合は、表の完成後にシートごと
コピーしてから見た目を整えたほうが、データの編集・再利
用時にスムーズです。

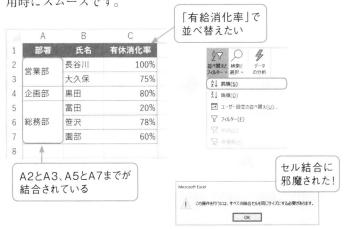

「有給消化率」で
並べ替えたい

A2とA3、A5とA7までが
結合されている

セル結合に
邪魔された！

09

1,000に「円」を追加する

▷ ユーザー定義

［セルの書式設定］の［表示形式］タブの「分類」には、あらかじめ［数値］や［通貨］［日付］など、表示形式の種類が設定されていますが、「ユーザー定義」ではオリジナルの表示形式を追加できます。「1,000 円」のようにセルに文字と数値を表示したり、小数点以下の桁数が異なる複数のセルの小数点の位置を揃えるなど、数値や日付データの表現の幅を広げることができます。

［ユーザー定義］ボックスで使う数値の書式記号

・数値の書式記号「#」「0」「?」は、それぞれ 1 桁の数字を示す
・桁区切りに「,」（カンマ）、整数部と小数部の区切りに「.」（ピリオド）を使う
・整数は、書式記号より値の桁数が多い場合も、すべての位が表示される
・小数は、書式記号より値の小数点以下の桁数が多い場合、書式記号の桁数に合わせて四捨五入される

小数点以下での書式記号（「#」「0」「?」の使い分け）

例：3つのセルにそれぞれ「12.3」入力

	A	B
1	**[ユーザー定義]で設定した書式**	**書式を適用したセル**
2	#.##	12.3
3	#.00	12.30
4	#.??	12.3

#：小数第2位には何も表示しない

0：小数第2位に0を表示する

?：小数第2位にスペースを表示する

表示形式で数値に文字を追加する

　文字列をセルに表示するには、**文字を二重引用符（" "）** で囲みます。

①[セルの書式設定]（【Ctrl】＋【1】）を開く

②[表示形式] タブを選択し、[分類] で [ユーザー定義] をクリックする

③[種類] ボックスのリストで「#,##0」を選択し、[種類] ボックスに続けて「円」と入力する

#,##0"円"

二重引用符（""）は、Excelが自動で補う

セルに表示形式で文字列が追加

書式記号「0」を使うと「00127」と表示できる

　［ユーザー定義］で書式記号「0」を使うと、「0030573」のように「0」からはじまる商品コードや会員番号などを表示できます。セルに入力する値は、数値データの「30573」です。

必要な桁の
0を追加

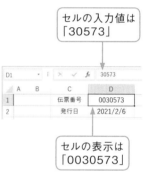

セルの入力値は
「30573」

セルの表示は
「0030573」

　「0030573」を表示する別の方法として、［表示形式］タブの［分類］で［文字列］をクリックし、セルに文字列として「0030573」を入力する方法もあります。また、「'0030573」のように、数値の前にアポストロフィ（'）を入力しても文字列として入力できます。

10

曜日を日付セルに追加する

▷ データのユーザー定義

日付の入力とシリアル値

Excel の日付データには曜日が含まれています。表示形式のユーザー設定で、日付に曜日を追加表示できます。まずは、曜日の表示の前に日付の入力をおさらいしましょう。

入力中	セルの表示と数式バー	シリアル値

例：2021年に月と日を入力

- 日付は、「/（スラッシュ）」や「-（ハイフン）」で、年・月・日を区切って入力する（「月」「日」だけ入力すると、「今年」として扱われ、書式「○月○日」が設定される）
- Excel は、日付と時刻のデータを、連続した値（シリアル値）として扱う（「1900 年 1 月 1 日 = シリアル値 1」として保存される（既定））
- シリアル値は、セルの**表示形式**の「**標準**」で表示される

［ユーザー定義］ボックスで使う日付の書式記号

記号	表示の内容	例
yyyy	西暦を4桁で表示する	2020
yy	西暦を2桁の数値で表示する	20
m	先頭に0を付けずに数値で月を表示する	1,2,3〜12
mm	1桁の場合は先頭に0を付けて数値で月を表示する	01,02,03〜12
d	先頭に0を付けずに数値で日を表示する	1,2,3〜31
dd	1桁の場合は先頭に0を付けて数値で日を表示する	01,02,03〜31
aaa	曜日を漢字1文字で表示する	日〜土
aaaa	曜日を漢字で表示する	日曜日〜土曜日
ddd	曜日を英語3文字で表示する	Sun〜Sat
dddd	曜日を英語で表示する	Sunday〜Saturday

曜日と文字を表示する

例:「2021年4月16日(金)」と表示する

①曜日を表示したいセルを選択して、[セルの書式設定] を
開く (【Ctrl】+【1】)

②[表示形式] タブ→ [分類] → [ユーザー定義] を選択し、
[種類] ボックスで「yyyy" 年 "m" 月 "d" 日 "」をクリック
する

③「yyyy" 年 "m" 月 "d" 日 "」に続けて、「(aaa)」を入力する

11

データ活用の幅が広がる
表をつくる

▷ テーブル

　Excel のデータベース機能には、ピボットテーブル（分析）を含め、並べ替え、フィルター（抽出）、小計（集計）などがあります。"データベース" と聞くと難しそうですが、住所録のように「規則性を持って集めたデータの集合体」がデータベースです。

▌データベース範囲として整えるルール

　データベース機能を使うために、表をデータベース範囲として整えておきます。

先頭行に フィールド名 （列見出し）を 用意する	1件（1レコード） ＝1行 （複数行にまたがない）	見出しも含めて、 セル結合を 使わない

データベース範囲に 空白行を含まない （空白セルはOK）	データベース範囲に 隣接するセルには 入力しない

データベース範囲の
自動認識のために必要

データベースで使う用語

データベース機能では、データベース特有の用語が登場します。Excel だけでなくデータベースで使われる共通用語なので覚えましょう。

フィールド:列　　　　　テーブル:表範囲

No.	日付	エリア	店舗名	カテゴリ	商品名	単価	数量	金額
1	2021/1/1	中京	祇園店	あん入り生	あん生 栗	1,100	30	33,000
2	2021/1/1	中京	祇園店	あん入り生	あん生 抹茶	1,050	140	147,000
3	2021/1/1	中京	祇園店	あん入り生	あん生 黒ごま	950	65	61,750
4	2021/1/1	左京	北白川本店	ラスク	ラスク 黒ごま	500	20	10,000
5	2021/1/1	左京	北白川本店	ラスク	ラスク ニッキ	450	20	9,000
6	2021/1/1	左京	北白川本店	堅焼き	八ツ橋 抹茶	1,100	50	55,000
7	2021/1/1	左京	北白川本店	あん入り生	あん生 栗	1,100	150	165,000

レコード:行　　　　　　　　　　　　フィールド名:列見出し

データはルールを決めて揃える

入力したデータが不揃いでは、データの抽出や並べ替えで求める結果が得られません。テキストデータを統一しましょう。

表記ゆれ(ばらつき)の例	
英字、数字、カタカナ、記号の半角・全角	データ、ﾃﾞｰﾀ
音引き(ー)の有無	コンピュータ、コンピューター
姓と名の間の空白(全角)	山田太郎、山田　太郎
略称、記号の使用	株式会社ABC、(株)ABC、㈱ABC

データベース範囲をテーブルに変換する

　データベース範囲を「テーブル」に変換すると、罫線・塗りつぶしなどの書式が適用され、データの追加や範囲の指定を効率よく行なえます。

①データベース範囲内のセルをひとつクリックする

②［挿入］タブ→［テーブル］をクリックする

③［テーブルの作成］で、範囲が自動認識される

　※表の先頭行が見出し（フィールド名）の場合は、［先頭行をテーブルの見出しとして使用する］を☑する

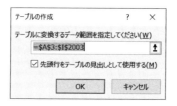

④［OK］をクリックする

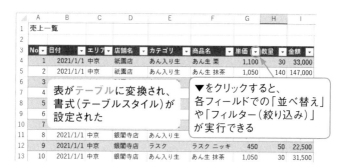

テーブル名で区別しよう

［テーブル デザイン］タブの［テーブル名］で名前を付けることができます。複数のテーブルがファイル内にある場合、区別しやすくなります。

テーブル名
範囲に変更
テーブルを選択していないと表示されない

テーブルを元の表範囲に戻すには

テーブル内のセルをクリックし、［テーブルデザイン］タブ→［範囲に変換］で、標準の表範囲に戻せます。

テーブルにレコード（行）を追加すると……

テーブル範囲の下の行に入力すると、テーブルが**自動で拡張**されるので、書式や計算式をコピーする手間が省けます。

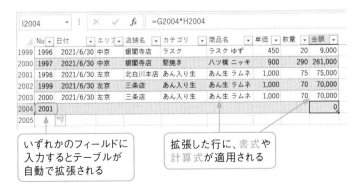

いずれかのフィールドに入力するとテーブルが自動で拡張される

拡張した行に、書式や計算式が適用される

12

ピボットテーブルは 難しくない!

▷ ピボットテーブル

　ピボットテーブルは、表の体裁は変えずに、必要なフィールド（項目）を選んで**別の表**をつくって集計・分析する機能です。売上表をもとにピボットテーブルを作成して、店舗ごとに集計したり、担当者ごとの商品別売上げ平均を求めたりなど、多角的に分析してデータを活かせます。

ピボットテーブルの作成

　ピボットテーブルを作成する対象の表範囲は、「テーブル」（40ページ）に変換しておきます。テーブルの自動拡張機能で、ピボットテーブル範囲も自動拡張するため、データの追加による範囲の再指定が不要になります。

①テーブル（表範囲）内のセルをひとつ選択する

②［挿入］タブ→［ピボットテーブル］をクリックする

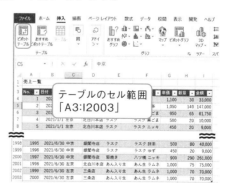

テーブルのセル範囲「A3:I2003」

1

Excel

③[ピボットテーブルの作成]で「テーブルまたは範囲を選択」を確認する。テーブルの場合は、[テーブル/範囲]にテーブル名が表示される

④[OK] をクリック。ピボットテーブルが、新しいワークシート (Sheet1) に作成される

ピボットテーブルを構成する要素

　挿入されたピボットテーブルにフィールドを選んでレイアウトします。レイアウトは、[ピボットテーブルのフィールド] で行ないます。

レイアウトセクションの各エリアへフィールドをレイアウト
／削除する

　［ピボットテーブルのフィールドリスト］で、各フィールド
をそれぞれのエリアにレイアウトする方法は、2通りありま
す。レイアウトはいつでも何度でも変更できます。

・［フィールドセクション］でフィールド名の☑（チェック
　ボックス）をクリックする
・［フィールドセクション］から［レイアウトセクション］
　の各エリアへフィールドをドラッグして追加する（削除は
　［レイアウトセクション］外へ［フィールド］をドラッグ）

レイアウトセクションのエリアの違い

　［値エリア］には、計算の対象となる数値データのフィール
ドを、それ以外のエリア（［レポートフィルターエリア］／
［行ラベルエリア］／［列ラベルエリア］）には、集計に使う
フィールドをレイアウトします。

　［レポートフィルターエリア］は、レポートのページをめく
るように、フィールドを切り替えることができるエリアで
す。

ピボットテーブルの作成例

店舗ごとの**商品別**の**販売数**を合計したレイアウトです。

・［行ラベル］エリア→［商品名］フィールド

・［列ラベル］エリア→［店舗名］フィールド

・［値］エリア→［数量］フィールド

・［レポートフィルター］エリア→［カテゴリ］フィールド

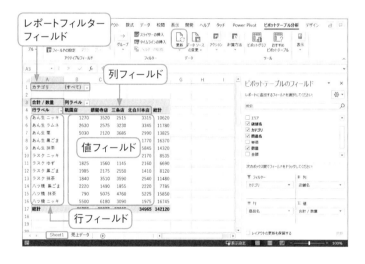

・ひとつの表範囲（テーブル）をもとに、複数のピボット
　テーブルを作成できる

・ピボットテーブルのレイアウトは、何度でも変更できる

ピボットテーブルの更新忘れに注意!

　ピボットテーブルの元のテーブル（表範囲）が変更（レコードの追加・編集）されたら、「更新」で最新の状態を反映させます。

①ピボットテーブル内のセルをクリックする

②［ピボットテーブル分析］タブ→［更新］をクリックする

便利技：ピボットテーブルを右クリック→ショートカットメニュー→［ピボットテーブル オプション］を開くと、自動更新の設定ができる

ピボットテーブルの書式設定

　作成したピボットテーブルは、通常の表と同じように書式
を設定できます。数値の表示形式は、値フィールドを右ク
リック→ショートカットメニューの［値フィールドの設定］
→［表示形式］から設定できます。

　作成したピボットテーブルをもとにグラフも作成できます。
作成・編集は、通常のグラフと同じで、［挿入］タブのグラ
フ作成からつくります。［ピボットテーブル分析］タブの
［ピボットグラフ］でも作成できます。

13

大きな表をきれいに印刷・表示する

▷ ［ページレイアウト］［ページ設定］［印刷］

Excelはちょっと印刷が苦手です。ここでは、よくある悩みベスト3を解決しましょう。

① プレビューではOKなのに、印刷すると文字が切れている
　→列幅、行高の自動調整

② 1列（1行）はみ出すので、1ページにきれいに収めたい
　→縮小印刷

③ 表が大きいので、見出しを各ページに印刷したい
　→印刷タイトルの設定

列幅、行高を自動調整する

列幅、行高とも、境界線でダブルクリックすることで、最長（最高）データに合わせて自動調整できます。印刷の前に、確認&実行しておきましょう。

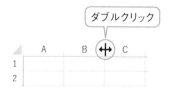

・行の高さは、フォントサイズの拡大などに合わせダブルクリックしなくても自動で調整されるが、行高をドラッグで変更した後は、自動で高さが変更されない。

・[セル結合]したセルの列幅・行高は、ダブルクリックしても自動調整されない。

合わせて、セル内の文字の配置を設定しておきましょう。[セルの書式設定]の[配置]タブで選べます。

はみ出す表を縮小して1ページに収める

[ページレイアウト]タブ→[拡大縮小印刷]では、「パーセンテージ」で拡大縮小率を指定することも、ページの縦・横で収めたい枚数を指定することもできます。

表全体を1ページに
収めたい

行数が多い表を表の幅
(水平方向)に合わせて収めたい

見出し行を各ページに印刷する

　印刷が複数ページにわたる大きな表は、各ページに見出しが印刷されているとわかりやすく読み間違いも防げます。

①［ページレイアウト］タブ→［印刷タイトル］をクリックする

「ページ設定」のダイアログボックス
起動ツール

②［タイトル行（タイトル列)］に、見出しの行（列）を指定する

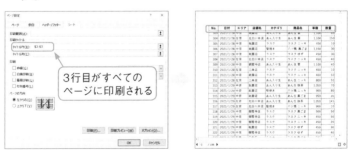

3行目がすべての
ページに印刷される

用紙の左右中央にバランスよく印刷する

　［ページレイアウト］タブ→［ページ設定］の［ダイアログ

ボックス起動ツール］をクリックして表示される［ページ設
定］で、余白やヘッダー／フッターなどを詳細に設定できま
す。

［余白］タブの
［ページ中央］で
用紙の中央に
表を印刷できる

大きな表で見出しを固定したままスクロールする

①固定したい行／列の下／右の**セル**を選択する

②［表示］タブ ⇒ ［ウィンドウ枠の固定］を実行する

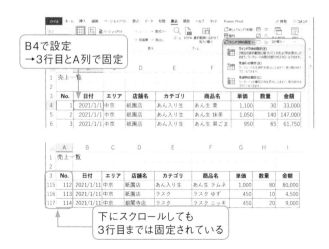

B4で設定
→3行目とA列で固定

下にスクロールしても
3行目までは固定されている

14

入力・消去してほしくない
セルを守る

▷ セルのロック、シートの保護

［シートの保護］は数式が入力されたセルなどを上書きや消去から守る設定です。シートの保護の実行前に、入力・編集したいセルはロックを解除しておきます。

①セルのロック解除
入力・編集したいセルの
ロックを解除する

②シートの保護
ロック解除した
セル以外を保護する

セルの「ロック」を解除する

①ロックを解除するセルを選択し、［セルの書式設定］を表示する（【Ctrl】+【1】）

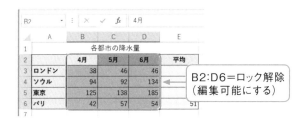

②[保護] タブ→ [ロック] をオフにする

ロック解除
＝チェックオフ

シートを保護して、ロックを有効にする

①[ホーム] タブ→ [書式] をクリックし、[シートの保護]
をクリックする

②パスワード (任意)、許可する操作を設定する

許可する操作を☑する

ロック解除したセル以外を変更しようとすると……

シートの保護の解除

　［シートの保護］は、［ホーム］タブ→［書式］→［シートの保護の解除］で解除できます。

15

セルのデータを修正する
3つの方法

▷「セルの編集」を使い分ける

セルのデータを素速く修正する

入力されたセルのデータは、セルを「編集状態」にしてから修正します。3つの方法を使い分けて、最短でセルを編集状態にしましょう。

B1のセル内容を修正したい

[F2]キーでマウスを使わず修正する

セルを選択し、キーボードの【F2】を押します。

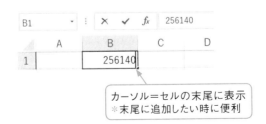

カーソル＝セルの末尾に表示
＊末尾に追加したい時に便利

ダブルクリックでピンポイントに修正する

セル上で、編集したい箇所をダブルクリックします。

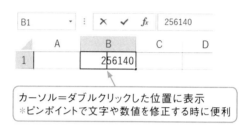

カーソル＝ダブルクリックした位置に表示
※ピンポイントで文字や数値を修正する時に便利

数式バーで長いセル内容を修正する

セルを選択し、数式バー上で、修正したい箇所をクリックします。

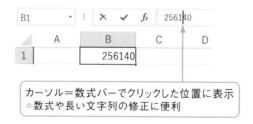

カーソル＝数式バーでクリックした位置に表示
※数式や長い文字列の修正に便利

16

セルにふりがなを表示する

▷ ふりがな

　氏名、商品名など文字列のふりがなは、「ふりがな」機能でセル内に表示させる方法と、関数を使って別のセルに表示する方法があります。ひらがな・カタカナ、フォントサイズなどの設定とふりがなの編集方法は共通です。

セルにふりがなを表示する

①ふりがなを表示するセル範囲を選択する
②[ホーム]タブ→[ふりがなの表示／非表示]をクリックする

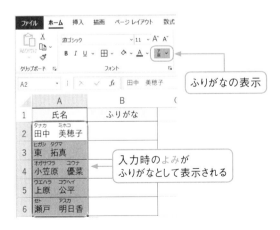

ふりがなの表示

入力時のよみが
ふりがなとして表示される

関数でふりがなを表示する

①関数でふりがなを表示するセルを選択する

②[関数の挿入]をクリックし、PHONETIC（フォネティック）関数を選択して［OK］をクリックする

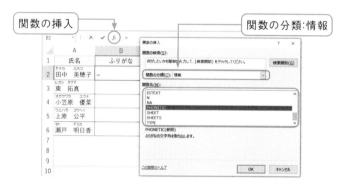

③[参照]にふりがなを取り出したいセルを指定し、［OK］をクリックするする

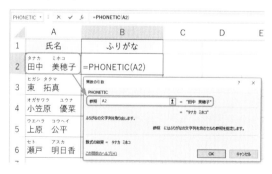

ふりがなを設定する

①文字列のセルを選択する

②[ホーム]タブ→[ふりがなの表示 / 非表示]▼→[ふりがなの設定]をクリックする

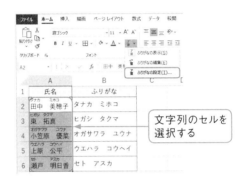

文字列のセルを
選択する

③[ふりがなの設定]で[ふりがな]タブ、[フォント]タブを設定する

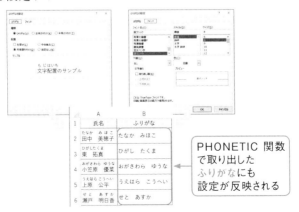

PHONETIC 関数
で取り出した
ふりがなにも
設定が反映される

ふりがなの編集

①ふりがなを変更するセルを選択し、[ホーム] タブ→ [ふ
りがなの表示 / 非表示] ▼→ [ふりがなの編集] をクリッ
クする

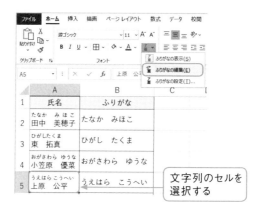

文字列のセルを
選択する

②ふりがなを編集する

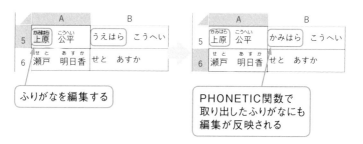

ふりがなを編集する

PHONETIC関数で
取り出したふりがなにも
編集が反映される

フリガナが表示されない!?

　Excel のふりがなは、セルに入力した「よみ」情報を表示しています。他のファイルや Web ページからコピペした文字列には、ふりがなが表示されません。

　[ふりがなの編集]を選択すると、文字情報からふりがな候補が表示されます。

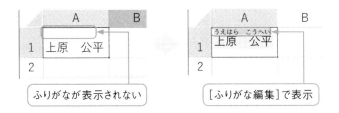

ふりがなが表示されない　　[ふりがな編集]で表示

2 章

あなたの知らない
Wordの実力

「勝手に番号を付けたり、画像を思い通り動かせな
かったり、Word ってホント使いづらい！」

　親切な設定のはずが、敬遠されがちで残念な Word。
しかし、ちょっとしたポイントを押さえるだけで、
Word の隠れた実力、魅力が発揮されます。一度知って
しまえば、「文書も Excel でつくっちゃう」には戻れな
くなりますよ！

17

改行と改段落を分けて使う

▷【Enter】、【Shift】+【Enter】

「行を変えたい、次の行からはじめたい」時、何気なく使っている【Enter】ですが、Word での【Enter】は、「**意味のまとまり**」である段落の区切りです。段落内で行を変えたい時は、【Shift】+【Enter】で**改行**します。

Word の初期設定では、段落内の改行（行区切り）の**編集記号**は非表示です（68ページ参照）。

キー操作	内容	編集記号
【Enter】	段落（意味のひとまとまり）の挿入	↵
【Shift】+【Enter】	段落内の改行（行区切り）	↓

定期健診の注意事項↵
受診票に記載されている氏名、ふりがな、生年月日に確認し、質問事項に沿って記入ください。↵
前日の 21 時以降は、食事を摂らないでください。↓ ← 段落内の改行
コップ 1 杯程度の水または糖分の入っていない飲み物は摂取可能です。↵
服薬中の薬については、主治医に確認ください。↵ ← 段落

改行は、段落番号や箇条書き、1行目の字下げなどを設定した段落内で、行を分ける時に有効です。

箇条書きの項目内で
改行されて、行頭文字●は
表示されない

定期健診の注意事項↵
●→受診票に記載されている氏名、ふりがな、生年月日に確認し、
　　質問事項に沿って記入ください。↵
●→前日の 21 時以降は、食事を摂らないでください。⤵
　　▶ コップ 1 杯程度の水または糖分の入っていない飲み物は摂取
　　　可能です。↵
●→服薬中の薬については、主治医に確認ください。↵

メモ

Word 以外の入力でも、【Shift】＋【Enter】は「改行」の役割を果たすことが多い。

例：チャットツール（Chatwork や Zoom のチャット機能）
　　で、【Enter】はコメントの「送信」だが、【Shift】＋【Enter】
　　は改行

18

見えない空白を見える化する

▷ 編集記号、ルーラー

　Word の初期設定では、入力や編集に欠かせない大切な「編集記号」と「ルーラー」が見えていません。どちらも一度表示設定にすれば、それ以降は表示されます。

編集記号を表示する

・［ホーム］タブ→［段落］→［編集記号の表示／非表示］
　⏎ をクリックする

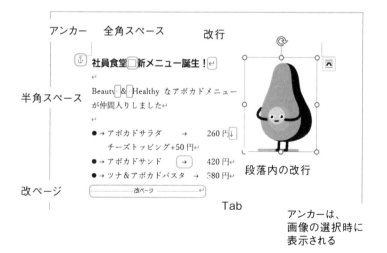

アンカー　　全角スペース　　　改行

半角スペース

改ページ

Tab

段落内の改行

アンカーは、
画像の選択時に
表示される

よく使う編集記号

名称(キー)	編集記号	説明
段落記号 (【Enter】)	↵	↵ から次の ↵ までが 1段落となり、段落書式の 設定単位となる
改行 (【Shift】+【Enter】)	↓	段落内の 任意の行区切り
改ページ (【Ctrl】+【Enter】)	——改ページ——	改ページ位置以降を、 次のページから開始する
全角スペース (【スペース】)	□	【スペース】での空白
半角スペース (【Shift】+【スペース】)	●	【Shift】+【スペース】での 空白
Tab記号 (【Tab】)	→	[Tab]キーでの空白、 基本は4文字単位
アンカー	⚓	「文字列の折り返し」で 「行内」以外の画像 (グラフィックス)が属する 段落を示す

ルーラーを表示する

　ルーラーでは、カーソル位置の、行頭や行末の段落設定を視覚的に確認・変更できます。水平ルーラーの数字は、「文字数」を表わしています。

・［表示］タブ→［ルーラー］のチェックボックスをクリックする

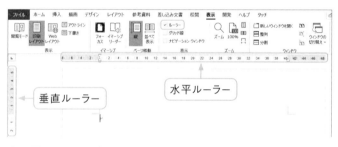

ルーラーのマーカー

　ルーラーのマーカーは、選択した段落の行頭・行末位置を表わし、ドラッグで変更できます。ルーラーをダブルクリックすると余白や用紙を設定する「ページ設定」が表示されます。

マーカー	名称	説明
▽	1行目のインデント	段落の1行目の位置
	ぶら下げインデント	段落の2行目以降の位置
△	左インデント	段落全体のベースとなる位置
△	右インデント	段落の行末位置

19

ドラッグだけじゃない！
Wordの範囲選択

▷ Wordの範囲選択

Wordの範囲選択にはマウスのドラッグ以外に、いろいろな方法があります。文書内の単位（まとまり）について知っておくと、範囲選択を効率よく使い分けできます。

Word文書内の単位と代表的な書式設定項目

単位	設定項目
文字	フォントの種類、フォントサイズ、文字の色、太字、下線、文字間隔 など
段落	配置（中央揃え・右揃え）、段落番号、インデント（行頭や行末の位置揃え）、行間、タブ位置 など
セクション	用紙、余白、印刷の向き、ページ番号、段組み など
文書全体（ページレイアウト）	※セクション区切りを挿入すると、文書内に複数のページレイアウトを設定できます。セクション区切りは[レイアウト]タブ→[区切り]で挿入します

マウスを使わずキーボードだけで選択

・【Shift】＋【方向キー↑↓←→】：カーソル位置から連続
する範囲を**選択**

> 範囲の先頭をクリック

重要度と緊急度を判断し、上司に報告するタイミングをとらえて、なるべく早く
報告する。悪い報告は、一般的も緊急度が高いと認識しておくこと。↓
処理に時間がかかる場合は、経過を中間報告する。↵

> 【Shift】+方向キー（→）

広い範囲を選択

・範囲の先頭をクリック⇒範囲の最後を【Shift】を押しな
がらクリック

ダブルクリック・トリプルクリックで選択

> 範囲の先頭をクリック

指示・命令の受け
【1】 指示・命令内容の 5W1H を確認し、不足があれば補う↵
【2】 メモ用紙と筆記用具は、常時を携帯する↵
【3】 口頭での指示・命令は、数字・日付・同音異義語を復唱する↵
【4】 優先順位の判断のため、締め切りを確かめる↵
↵
報告↵
重要度と緊急度を判断し、上司に報告するタイミングをとらえて、なるべく早く
報告する。悪い報告は、一般的も緊急度が高いと認識しておくこと。↓
処理に時間がかかる場合は、経過を中間報告する。↵

> 範囲の最後で【Shift】+クリック

・文字列上でダブルクリック⇒単語の選択
・文字列上でトリプルクリック⇒段落の選択

> ダブルクリックで単語を選択

報告↵
重要度と緊急度を判断し、上司に報告するタイミングをとらえて、なるべく早く
報告する。悪い報告は、一般的も緊急度が高いと認識しておくこと。↓
処理に時間がかかる場合は、経過を中間報告する。↵

行単位の選択

・行の左余白をクリック⇒1行選択

・行の左余白を垂直方向にドラッグ⇒複数行の選択

・行の左余白をダブルクリック⇒段落の選択

指示・命令の受け方

【1】指示・命令内容の 5W1H を確認し、不足があれば補う

【2】メモ用紙と筆記用具は、常時を携帯する

【3】口頭での指示・命令は、数字・日付・同音異義語を復唱する

【4】優先順位の判断のため

> 行の左余白のクリックで行選択

【Ctrl】+ドラッグで離れた場所も選択できる

・2箇所目以降を、【Ctrl】を押しながらドラッグ

指示・命令の受け方

【1】指示・命令内容の 5W1H を確認し、不足があれば補う

【2】メモ用紙と筆記用具は、常時を携帯する

【3】口頭での指示・命令は、数字・日付・同音異義語を復唱する

【4】優先順位の判断のため、締め切り

> 2箇所目以降を、【Ctrl】を押しながらドラッグして選択

四角（矩形）に選択

・【Alt】を押しながらドラッグ

・【Ctrl】+【Shift】+【F8】を押して、[ブロック選択] モードに切り替えて、【方向キー↑↓←→】で選択

指示・命令の受け方

【1】指示・命令内容の 5W1H を確認し、不足があれば補う

【2】メモ用紙と筆記用具

【3】口頭での指示・命令

【4】優先順位の判断のため、締め切りを確かめる

> 段落・行をまたいで、矩形に選択できる

※選択範囲に「段落記号」を含めると、段落書式（段落に設定されている書式）も選択される

20

【Tab】で揃える、表をつくる

▷ タブ設定、リーダー、文字列を表にする

【スペース】による空白ではなく、【Tab】（タブ）でも、項目を揃えることができます。

項目の位置揃えだけでなく、Tab の空白を点線でつないだり、表に変換できたり……、使わないともったいない「タブ」機能です。

申請に必要な書類と手数料↵
申請書□□□□□□□□□1 通↵
住民票の写し□□□□□□1 通↵
写真（ふちなし）□□□□2 枚↵
手数料□□□□□□□16,000 円↵
送付料□□□□□□□250 円↵
↵

> スペースでは行の末尾が揃わない！

【Tab】には規定値がある

【Tab】を押すと、「4 字（規定値）」の倍数の位置へとカーソルが移動します。

【Tab】を使って入力する

```
 申請に必要な書類と手数料
 申請書→1通
 住民票の写し → 1通
 写真（ふちなし）　→　2枚
 手数料→16,000円
 送付料→250円
```

ルーラーでタブ位置を揃える

　ルーラーで自由に位置を指定できます。

［タブ セレクタ］をクリックして、「タブの種類」を初期値の「左揃え」から変更できます。

①タブ位置を揃えたい段落を範囲選択する

②［タブ セレクタ］をクリックして、タブの種類を選択する

③ルーラー上をクリックして、タブマーカーを表示する

④タブマーカーをドラッグして、タブ位置を調整する

例：左揃えにする

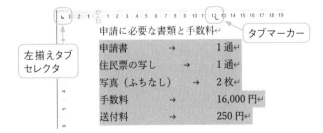

左揃えタブセレクタ

タブマーカー

例：右揃えにする

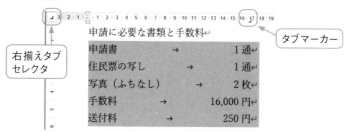

タブの空白につなぎ線（リーダー）を表示する

①リーダーを表示したい
段落を範囲選択する
②「タブマーカー」をダ
ブルクリックする
③［タブとリーダー］で、
設定するタブ位置を選
択（または入力）する
④［リーダー］の種類を
選択し、［OK］をク
リックする

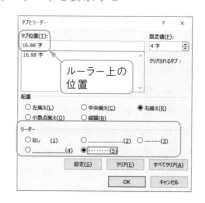

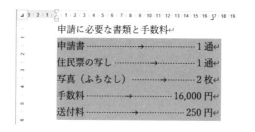

タブを使った文字列を表にする

　タブを使って入力しておくと、簡単に表に変換できます。

①表にする段落を範囲選択する

②[挿入] タブ→ [表] → [文字列を表にする] をクリック
する

③「文字列の区切り」で「タブ」が選ばれていることを確認
して、[OK] をクリックする

申請に必要な書類と手数料	
申請書	1 通
住民票の写し	1 通
写真（ふちなし）	2 枚
手数料	16,000 円
送付料	250 円

**表を選択して[レイアウト]タブ→[表の解除]で、
文字列に戻すことができる**

21

勝手な段落番号のイライラを
解消する

▷ 入力オートフォーマット

　初期設定では、「1、2…」や「①、②…」から入力すると、自動で書式が設定されます。Wordの"おせっかい機能No.1"と呼ばれる「入力オートフォーマット」です。不要であれば、設定を解除しましょう。

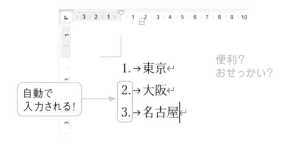

箇条書き設定をオフにする

①[ファイル]タブ→[オプション]をクリックする
②[文章校正]→[オートコレクトのオプション]をクリックする
③[入力オートフォーマット]タブ→「箇条書き（行頭文字)」「箇条書き（段落番号)」をオフにする

入力中に箇条書きの設定をオフにする

　入力中に表示される［オートコレクトのオプション］ボタンをクリックしても、箇条書きや段落番号を「自動的に作成しない」設定ができます。

22

上書きのミス・モレをなくす

▷ 検索と置換

日付や商品名などの特定の文字列を修正したい時、目視で探すとヌケ・モレの原因になります。Word の「探す（検索）」「探して置き換える（置換）」機能は、文字・書式・表・図と対象が充実していて、"見つける作業"の精度が高まります。

検索・置換する範囲

検索・置換は、<u>カーソル位置から文書全体</u>を探します。範囲を限定する時は、**範囲選択**して検索・置換を実行します。

文字や図・表を検索する

①【Ctrl】＋【F】を押す

②［ナビゲーション］ウィンドウで検索する対象を指定する

文字列を検索する

［ナビゲーション］ウィンドウ→［検索］ボックスに検索する文字列を入力する。［ナビゲーション］ウィンドウに、検索結果が表示される

文字列以外を検索する

［ナビゲーション］ウィンドウ→［検索］ボックスの虫眼鏡（🔍）をクリックし、「グラフィックス」や「表」など検索対象を選択する

置換で文字列を置き換える

①【Ctrl】＋【H】を押し、［検索と置換］→［置換］タブを開く

②「検索する文字列」、「置換後の文字列」を入力する

③［置換］［すべて置換］［次を検索］のいずれかをクリック
する

④完了画面で［OK］をクリックし、［検索と置換］で［閉じ
る］をクリックする

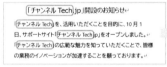

置換で書式を置き換える

　検索・置換で、フォントや文字の色などの書式も検索・置
換できます。

①【Ctrl】＋【H】を押し、［検索と置換］→［置換］タブを開
く

②［オプション］をクリックする

③［検索する文字列］をクリックし、文字列を入力する

④［置換後の文字列］をクリックし、文字列を入力する

⑤［書式］→［フォント］をクリック

⑥［置換後の文字］で、置き換える書式を設定して、［OK］
をクリックする

⑦［置換］［すべて置換］［次を検索］のいずれかをクリック
する

置換の結果

「TECHannel.jp」開設のお知らせ

「TECHannel」を、活用いただくことを目的に、10月1日、サ
ポートサイト「TECHannel.jp」をオープンしました。

「TECHannel」の広範な魅力を知っていただくことで、皆様の
業務のイノベーションが加速することを願っております。

フォントの色、太字、
下線の設定例

目的のページへジャンプ（移動）する

①【Ctrl】＋【G】を押し、[検索と置換] → [ジャンプ] タ
　ブを開く

②[移動先] で「ページ」を選択し、[ページ番号] にペー
　ジ番号を入力する

③[ジャンプ] をクリックする

23

同じ書式を使いまわす

▷「見出しスタイル」で見た目と構造を整える

　長文作成には、「スタイル」「アウトライン」（89ページ）「目次」（92ページ）が大きな効果を発揮します。

Wordの「スタイル」機能

　フォント書式（フォントサイズやフォント）や段落書式（行間やインデント）を組み合わせて登録する機能。Wordには、「標準」スタイルを含め、「見出し1」「見出し2」などが登録されていて、［クイックスタイルギャラリー］で設定できます。

見出しスタイルを設定する

①スタイルを設定する段落を範囲選択する
②［クイックスタイルギャラリー］で、設定するスタイル名をクリックする

スタイルを更新する（例：「見出し1」の更新）

　あらかじめ登録してあるスタイルは、フォントサイズなど
の書式を「更新」してカスタマイズできます。

①「見出し1」を設定した段落の書式（フォントの大きさ、
　色、行間など）を変更する

②①の段落を選択し、［クイックスタイルギャラリー］の
　［見出し1］を右クリックする

③［選択個所と一致するように見出し1を更新する］をク
　リックする

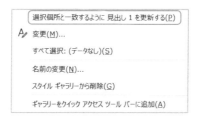

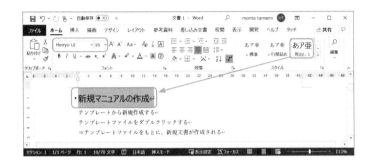

スタイルの設定・更新例

複数の離れた場所に、同じ書式を手軽に設定できます。

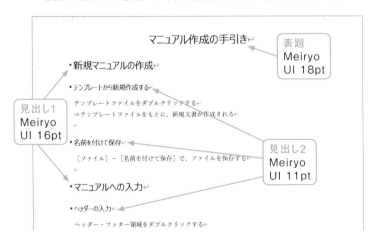

見出しスタイルを設定した段落の左余白に表示される
「■」は、「次の段落と分離しない」という段落形式で、「印

刷はされません。

スタイルを作成する

　スタイルは設定・更新だけでなく、設定した書式から新し
くつくることもできます。

①フォントや段落などの書式を設定した箇所を範囲選択し、
　［クイックスタイルギャラリー］の［その他］→［スタイ
　ルの作成］をクリックする

②［名前］ボックスにスタイル名を入力し、［OK］をクリッ
　クする

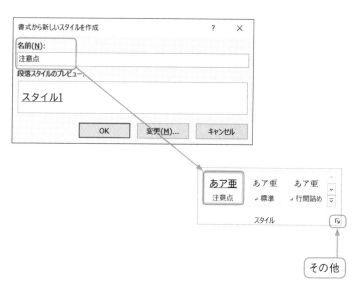

24

連番・枝番を自在に設定する

▷「アウトライン」

アウトラインの設定方法

「見出しスタイル」と連動して、連番や 1.1、1-2 などの枝番を設定できます。

① 「見出し1」スタイルが設定されている先頭の段落にカーソルを移動する

② [ホーム] タブ→ [段落] → [アウトライン] をクリックする

③ [新しいアウトラインの定義] をクリックする

④ 左下にある [オプション] をクリックする

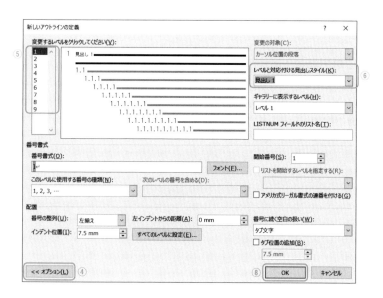

⑤［変更するレベルをクリックしてください］ボックスで
「1」を選択する

⑥［レベルと対応付ける見出しスタイル］で「見出し1」を
選択する

⑦同じように［レベル2］と「見出し2」、［レベル3］と
「見出し3」……を対応付ける

⑧［OK］をクリックする

［スタイルギャラリー］の「見出しスタイル」に、段落番
号が追加される

見出し1と見出し2に「アウトラインレベル1、2」を
対応付けた例

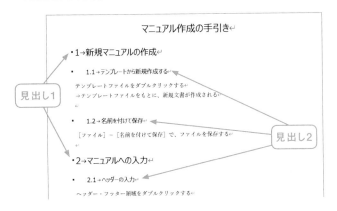

[番号書式]を詳細に設定する

　[番号書式]で番号の前後に「第」「章」などの文字を追加
したり、[このレベルに使用する番号の種類]で、①②③と
種類を変えたりと、書式を詳細に設定できます。

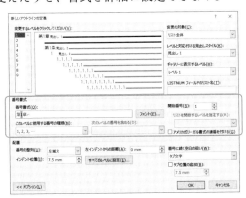

25

クリック5回で目次を自動作成

▷ 目次

複数ページの文書は、"目次のあるなし"で、利便性に大きな差が出ます。めんどうな目次も「見出しスタイル」を設定していると、クリック5回で自動作成できます。

目次の新規挿入

① 目次を挿入する位置をクリックする

② ［参考資料］タブ→［目次］→［ユーザー設定の目次］をクリックする

③ 「アウトライン レベル」を設定する

④ ［OK］をクリックする

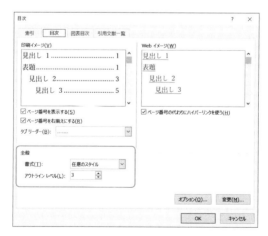

「アウトライン レベル」と見出しスタイルの対応

「アウトライン レベル」の設定値1～9は「見出し1～9」スタイルの数字と対応しています。「見出し2」まで目次に使用する場合は、「アウトライン レベル」を「2」に設定します（画像は表示例）。

目次のハイパーリンク

目次には、ハイパーリンクが設定されます。【Ctrl】を押しながらクリックすると、該当ページへジャンプします。

目次の更新

文章の追加や修正をした場合は、目次を更新します。

①[参考資料] タブ→ [目次の更新] をクリック

②「目次をすべて更新する」を選択して、[OK]をクリック

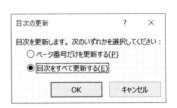

26

Wordでブックマーク入りの PDFを作成する

▷ PDFファイルとして保存する

保存形式を PDF ファイルにすると、Word がインストールされていないスマホやタブレットなどでも表示できます。Word から PDF ファイルを作成した際、目次のハイパーリンクも PDF に引き継がれるので便利です。

PDF形式で保存する

①[名前を付けて保存]を開く（【F12】）
②[ファイルの種類]で「PDF（*.pdf）」を選択する
③ファイル名と保存先を指定して保存する

見出しスタイルをブックマークとして使う

「見出しスタイル」を設定した文書では、[名前を付けて保存] の画面で [オプション] をクリックし、見出しからブックマーク（しおり）を作成できます。

PDFに変換保存

目次と同じ役割を持つ
「しおり」がつくられた

3章

かしこく使おう
PowerPoint

PowerPoint の長所は、スケッチブックの１枚１枚のように、「見たままつくれる」ことです。スライド上に、文字や写真、イラストを思い通りにレイアウトできるのですが、この馴染みやすさの後ろに便利な機能が隠れています。

基本のポイントをいくつか押さえて、作成のスピードアップと同時に、再利用可能なデータとして価値を高めましょう！

27

「スライドサイズ」からはじめる
新規作成

▷ スライドのサイズ

　PowerPoint で新規作成したスライドの縦横比は、「ワイド画面（16：9）」です。サイズは作成したあとで変更できますが、画像のサイズやレイアウトの調整が二度手間です。スライドの主な使用目的に合わせ、サイズは新規作成の時に決定します。

スライドのサイズを決める

「ワイド画面（16：9）」では、A4用紙に印刷すると上下に余白ができてしまいます。一方、「標準（4：3）」をワイド画面対応の大型ディスプレイやプロジェクターで表示すると、余白が左右に表示されて、こぢんまりと映ります。

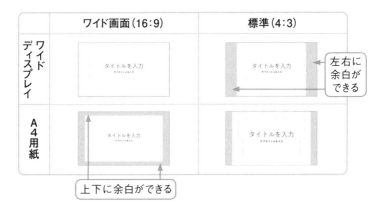

スライドサイズの変更方法

① [デザイン] タブ→ [スライドのサイズ] をクリックする

② 目的に応じて、「標準（4 : 3）」「ワイド画面（16 : 9）」
「ユーザー設定のスライドのサイズ」からサイズを選択する

スライドの開始番号は、
ここで設定

スライドの主な用途	選択するサイズ／設定
ワイド画面での投影	「ワイド画面（16 : 9）」 （新規作成の初期設定）
ワイド非対応画面での投影	「標準（4 : 3）」
A4用紙への印刷（横）	「A4 210×297mm」 [印刷の向き]→スライド：横
A4用紙への印刷（縦）	「A4 210×297mm」 [印刷の向き]→スライド：縦

28

スライドのレイアウトパターンを使い分ける

▷ レイアウト

　新しいプレゼンテーションファイルには、「タイトル スライドレイアウト」のスライドが1枚含まれています。
「タイトル スライド」のほかにも、用途に応じて使い分けられる複数の**スライドレイアウト**が用意されています。

新しいスライドを追加する

①[ホーム]タブ→[新しいスライド]▼をクリックする

②追加するレイアウトのスライドをクリックする

スライドの構成

　スライドには、「プレースホルダー」と呼ばれるボックスがレイアウトされます。

「プレースホルダー」は、スライド上の点線で囲まれ

[白紙]プレースホルダーを含まないレイアウト

たボックスで、タイトル、テキスト（文字列）、グラフ、表、図などのコンテンツ（内容）を入力します。

「タイトル スライド」レイアウト

タイトル用
プレースホルダー

サブタイトル用
プレースホルダー

「タイトルとコンテンツ」レイアウト

タイトル用
プレースホルダー

コンテンツ用
プレースホルダー

スライドのレイアウトを変更する

　スライドのレイアウトは、文字や図を追加したあとでも変更できます（[ホーム]タブ→[レイアウト]）。

プレースホルダーとテキストボックスの違い

　どちらも文字列を入力する枠ですが、プレースホルダーでは、複数のスライドの文字列をまとめてコピーしたり、Wordへ書き出したりなど、文字列を再利用できます。

	プレースホルダーの文字	テキストボックスの文字
特徴	・文字列として扱われる ・[アウトライン表示]に表示される ・Wordにエクスポートできる	・図形内の文字の扱い ・[アウトライン表示]に表示されない ・Wordにエクスポートできない
文字数が枠より溢れたら……	[自動調整オプション]ボタンが表示され、枠内に収めたり、2段組みレイアウトへ変更したりできる 	[図形の書式設定]→[文字のオプション]→[テキストボックス]で、文字が隠れないよう調整する 

29

ストーリーから流れをつくる

▷ アウトライン表示

　スライドを1枚ずつ完成させながら作成するよりも、全体の構成を考えてから各スライドの細部に取りかかるほうが、手戻り修正が少なくスムーズです。

　タイトルと文字列を効率よく入力できる［アウトライン表示］で、ストーリーラインをつくりましょう。

アウトライン表示への切り替えと入力

　［表示］タブ→［アウトライン表示］で切り替えます。

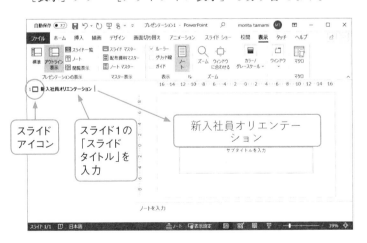

アウトライン表示でスライドを追加する

　アウトライン表示のスライドタイトルで、【Enter】を押すと、［タイトルとコンテンツ］レイアウトのスライドが追加されます。

アウトライン表示で「タイトル」と「箇条書き」を切り替える

　アウトライン表示の「タイトル」と「箇条書き（文字列）」は、【Tab】／【Shift】＋【Tab】で切り替えます。

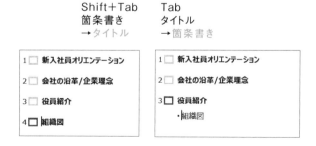

アウトライン表示で流れを整える

[アウトライン表示]のタイトルと箇条書きで、全体の流れ
やボリュームが確認できます。

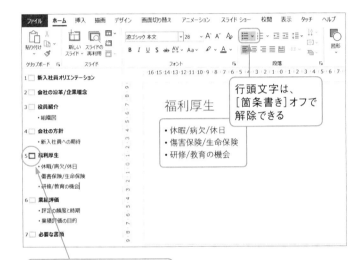

30

オンラインで共有する
スライドのコツ

▷ オンラインのスライドショー

Zoom に代表されるオンライン会議システムは、会議や打ち合わせなど社内だけでなく、商談、研修といった社外でも活用されます。情報をビジュアルに伝える「画面共有」は、積極的に活用したいワザです。しかし、参加者の環境をすべてコントロールできないオンラインでは、リアルとは異なる点に注意が必要です。

スライドの余白とサイズ

オンライン会議システムの種類や、ディスプレイサイズなど利用者の環境によっては、スライドの左上などに、発表者のビデオ画像が重なることがあるので、情報が隠れないようスライドの上下左右の余白は多めに設けます。

スライドのサイズ（ワイド 16：9、標準 4：3）は、ディスプレイや設定に左右されるため、どちらがよいと一概には言えません。

図のファイルサイズを小さくする

オンライン会議システム利用による通信回線の負担を減らすためにも、ファイルはサイズダウンが求められます。特に写真はプレゼン資料として効果的ですが、ファイルサイズを

大きくしてしまうため、圧縮して挿入しましょう。

・図をクリック⇒［図の形式］タブ→［図の圧縮］→［画像
　の圧縮］で設定する

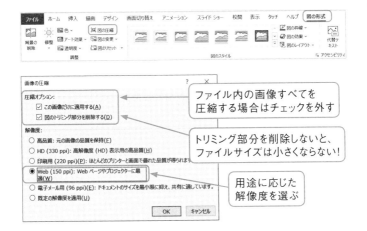

ファイル内の画像すべてを
圧縮する場合はチェックを外す

トリミング部分を削除しないと、
ファイルサイズは小さくならない!

用途に応じた
解像度を選ぶ

アニメーションと画面切り替え

　［アニメーション］や、スライドの［画面切り替え］効果も、
動きが早かったり、多かったりすると通信状態によって遅延
が起こります。設定は、最小限にしましょう。［アニメー
ション］では、ベーシックな「アピール」がおすすめです。

フォントとフォントサイズ

　スクリーンへの投影と異なり、パソコンやスマホではスライドを見る側でも画面を拡大できますが、拡大・縮小しながら見るのは負担です。

　フォントサイズに「正解」はありませんが、新規ファイルの箇条書きフォントである「28」ポイントを最小サイズの目安に考えるとよいでしょう。

　フォントの種類では、明朝系よりゴシック系が視認性が高く、オンラインスライド向きです。

画面共有はスライドショーで

　PowerPoint ウィンドウで画面共有すると、「ノート」に記載したメモ書きや、タイトルスライド以外のスライドが見えて「ネタバレ」してしまいます。

　画面共有は、先にスライドショーを開始してから実行すると楽屋裏を見せずに済みます。

スライドショーのはじめ方

① PowerPoint でプレゼンテーションファイルを開く
②【F5】で、スライドショーを実行する
③ Web 会議ツールの「画面共有」を選択し、「PowerPoint スライドショー」を選ぶ

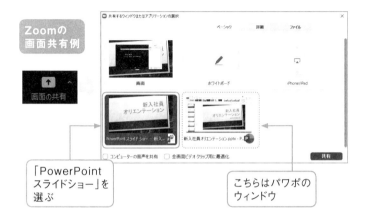

Zoomの
画面共有例

「PowerPoint
スライドショー」を
選ぶ

こちらはパワポの
ウィンドウ

※画面共有で「発表者ツール」を使用する場合は、PowerPoint ウィン
ドウを「画面共有」してから、スライドショーを開始し、スライド
上で右リックしてショートカットメニューの［発表者ツールを表
示］を選ぶ

4 章

データは共有・使いまわして活かす

　デジタルデータの長所は、「使いまわし」できること。入力したデータ、定型的な文書のひな形、Excel とWord などアプリ間でのデータの受け渡し…… etc.
「使いまわし」は、同じことを何度も入力する手間をなくし、入力ミスも防ぎます。

　時短と質向上の種が、ここにもいっぱい埋まっています。

31

100均のラベルでラベル印刷

▷ Wordの差し込み印刷（ラベル）

Excel のデータを Word で利用して、ラベルや封筒に印刷できます。市販のラベル（タックシール）にぴったり印刷できて便利です。

ステップ1：Excelデータの準備

まずは、Excel でデータを準備しましょう。

Excel のデータは、データベース機能と同様、データベース範囲として整えます（40 ページ）。そのうえで、ステップ 2 の a、b どちらかのルールを適用しないと、Word との連携がうまくいきません。テーブルに変換しておくと、データの追加時に、範囲の再指定が不要です。

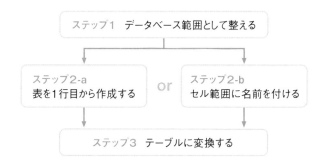

ステップ2-a:「表を1行目から作成する」例

・表の上にタイトルや空白行を入れず、セル A1 から表を開始する

	A	B	C	D	E	F	G	H
1	No.	姓	名	敬称	郵便番号	都道府県	住所1	住所2
2	1	朝倉	潤一	様	212-0012	神奈川県	川崎市幸区中幸町	1-8-*
3	2	井口	久子	様	187-0025	東京都	小平市津田町	20-*
4	3	御木本	康代	様	222-0021	神奈川県	横浜市港北区篠原北	2-11-*
5	4	下島	満	様	231-0804	神奈川県	横浜市中区本牧宮原	12-*-8
6	5	大野谷	一郎	様	250-0055	神奈川県	小田原市久野	3-*

ステップ2-b:「セル範囲に名前を付ける」例

・1行目から表を作成しない場合は、表の範囲に名前を付ける

会員リスト ▼	◄	[名前] ボックス						

	A	B	C	D	E	F	G	H
1				会員住所録				
2								
3	No.	姓	名	敬称	郵便番号	都道府県	住所1	住所2
4	1	朝倉	潤一	様	212-0012	神奈川県	川崎市幸区中幸町	1-8-*
5	2	井口	久子	様	187-0025	東京都	小平市津田町	20-*
6	3	御木本	康代	様	222-0021	神奈川県	横浜市港北区篠原北	2-11-*
7	4	下島	満	様	231-0804	神奈川県	横浜市中区本牧宮原	12-*-8

セル範囲に名前を付ける

① 表全体を範囲選択する （【Ctrl】+【A】）

② [名前] ボックスをクリックしてセル範囲の名前を入力する

※セル範囲の名前は、[数式] タブ→ [名前の管理] で編集、削除できる

差し込み文書の作成

データの準備ができたら Excel は終了して、Word で差し込み印刷を設定します。

①[差し込み文書]タブ→[差し込み印刷の開始]→[ラベル]をクリックする

②ラベルの製造元（メーカー）、製造番号（品番）を選択し、[OK]をクリックする

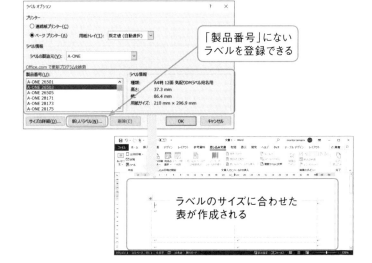

③［差し込み文書］タブ→［宛先の選択］をクリックし、
　［既存のリストを使用］を選択する

④差し込むExcelファイルを選択し、［開く］をクリックする
⑤［テーブルの選択］でシート名（Step2-bの場合は「範囲
　名」）を選択して、［OK］をクリックする

シート名

範囲名

⑥［差し込み文書］タブ→［差し込みフィールドの挿入］▼
　をプルダウンし、1枚目のラベルに印刷するフィールド
　（項目）を指定する

1枚目のラベルに
フィールドを指定する

⑦［差し込み文書］タブ→［複数ラベルに反映］をクリック

1枚目のラベル内容が、
2枚目以降に反映される

⑧［差し込み文書］タブ→［結果のプレビュー］をクリック

Excelデータを差し込んだ
状態が確認できる

データの差し込みが確認できたら、
フォントやフォントサイズを調整して、レイアウトを整える

差し込み印刷（完了と差し込み）

　結果のプレビューで確認したら、差し込み文書のまま印刷
を実行できますが、Word に Excel データを挿入したラベル

文書を作成し、データとして保存しておきましょう。ラベルを送付したあとの「控え」として残せます。

①[完了と差し込み]→[個々のドキュメントの編集]をクリックする

②[新規文書への差し込み]で、差し込むレコードを選択し、[OK]をクリックする

③データを差し込んだファイルが新規作成される
④「ラベル 1」を印刷する（【Ctrl】＋【P】）

差し込み印刷の設定をした
文書（データはExcel）

Excelのデータを
Wordに差し込んだ文書
（データに応じて
ページ数は増減する）

差し込み設定した文書を開く

　差し込み設定をした Word 文書を保存して、次に開く時、
下記メッセージが表示されるので、[はい]をクリックします。

Microsoft Word
×

この文書を開くと、次の SQL コマンドが実行されます。

SELECT * FROM `Sheet1$`

データベースからのデータが、文書に挿入されます。続行しますか？

はい(Y)　　いいえ(N)

ファイルの保存場所に注意！

　差し込み印刷を設定した Word と Excel のファイルには、
リンク関係があります。ファイルの移動などで、リンク関係
が壊れたら、「差し込み文書の作成」③〜⑤の操作で再度
「宛先の選択」を行ないましょう。

32

テンプレで上書きミスを
追放する

▷ テンプレート形式のファイル

　テンプレートとは、定型的な文書の**ひな形**のこと。
「テンプレート形式のファイル」とは、ひな形を繰り返し使いやすいように、通常のファイルとは異なる形式で保存したファイルです。

　保存した「テンプレート形式のファイル」はダブルクリックすると、新規のファイルとして開きます。ひな形をコピーする手間が省けるだけでなく、既存ファイルを間違って「上書き保存」してしまうミスを防げます。ここでは Word で紹介していますが、Excel、PowerPoint も同じ操作です。

テンプレートとして保存する

①テンプレートにする文書で［名前を付けて保存］を開く
　（【F12】）
②［ファイルの種類］で「Word テンプレート（*.dotx）」を選択して、保存する（Excel では「Excel テンプレート（*.xltx）」、PowerPoint では「PowerPoint テンプレート（*.potx）」

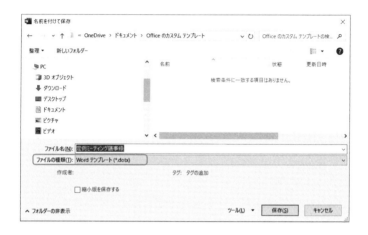

③「テンプレート形式のファイル」が、保存される

Word文書（.docx）

Wordテンプレート

保存したテンプレートをもとに新規文書を作成する

①テンプレート形式のファイルアイコンをダブルクリックすると、テンプレートファイルをもとに、新規文書（文書1）が作成される

②新しいデータを入力したら名前を付けて保存する

テンプレートを編集する

①テンプレート形式のファイルアイコンを右クリックする

②ショートカットメニューの［開く］をクリックして**ファイルを開く**

③編集が終わったら、「上書き保存」して閉じる

Officeテンプレート

Word、Excel などの［ファイル］タブ→［新規］には、複数のテンプレートが用意されています。「オンラインテンプレートの検索」ボックスでキーワード検索してネット上のテンプレートも探せます。

お気に入り設定の「白紙のテンプレート」も便利

　Word 標準の新規文書が使いづらくて毎回変更しているなら、用紙・余白、**文書全体のフォント**、ページ番号などを設定した汎用的な「白紙のテンプレート」の作成がおすすめです。

文書全体の「フォント」の変更

　文書全体のフォントは、［ページ設定］で変更します。

・水平ルーラーをダブルクリック→［ページ設定］→［フォントの設定］をクリック

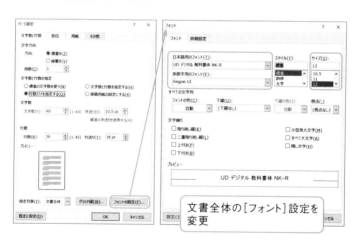

文書全体の［フォント］設定を変更

33

説明するより
スクリーンショットで魅せる

▷ スクリーンショット

　システムの操作マニュアルなどで、画面そのものを見せたい時には、スクリーンショット（スクショ）が欠かせません。

　WordやExcelでは、ひとつの操作で簡単にスクショを挿入できます。

【Print Screen】や、Windowsの標準アプリ（Snipping Tool、切り取り＆スケッチ）は、スクショをクリップボードに「コピー」し、WordやExcelに「貼り付け」て利用します。

Officeの[スクリーンショット]機能で挿入する

① [挿入]タブ→ [スクリーンショット]をクリックする
② 「使用できるウィンドウ」で、サムネイル（縮小画像）をクリックする

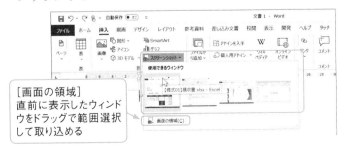

[画面の領域]
直前に表示したウィンドウをドラッグで範囲選択して取り込める

Windowsの標準アプリ「Snipping Tool」でコピーする

・[スタート] ボタン→ [Windows アクセサリ] → [Snipping Tool]

Windowsの標準アプリ「切り取り&スケッチ」でコピーする

Windows10 October 2018 Update では、「Snipping Tool」の後継アプリ「切り取り & スケッチ」が登場しました。

・「切り取り & スケッチ」の起動→【 Windows】+【Shift】+【S】

タスクバーの[検索]ボックスに「アプリ名」を入力しても起動できる

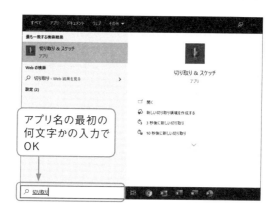

キーボードの【Print Screen】でコピーする

キーボードだけでスクショのコピーができます。

・【Print Screen】：全画面をコピー

・【Alt】＋【Print Screen】：アクティブウィンドウをコピー

・【 Windows】＋【Print Screen】：全画面のスクリーン
ショットを、[ピクチャ] フォルダーの [スクリーン
ショット] フォルダーに自動保存

34

単語登録をチームで共有する

▷ 単語登録の短文登録、単語登録の共有

　よく使う「文章」を単語登録しておくと、タイピングの負担が減り、正確性も向上します。

　登録内容をファイルとして出力して、別のパソコンで利用できるので、部署・チームで共有することで、文書やメールでの用語統一や質の向上が図れます。

短文を登録して時短入力する

①文字入力ができるアプリ（Word など）を開く

②タスクバーの通知領域の IME アイコン「あ」を右クリックし、[単語の登録] をクリックする

③「単語」と「よみ」を入力して、[登録] をクリックする

便利な短縮よみ登録の例

「よみ」はひらがなやアルファベット 2 ～ 3 文字で登録すると覚えやすいでしょう。

よみ	単語
ごさ	ご査収の程、お願い申し上げます。
ひょ	表題の件、ご連絡をありがとうございます。
めあど	mori@xxx.bps.co.jp

登録した単語をファイルに書き出して保存する

①タスクバーの通知領域の IME アイコン「あ」を右クリックし、[ユーザー辞書ツール] をクリックする

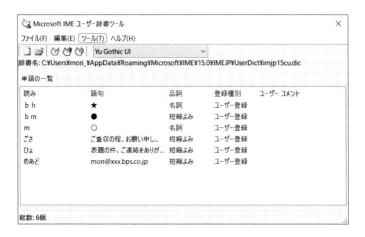

②［ツール］メニュー→［一覧の出力］をクリックする

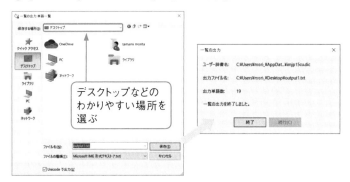

デスクトップなどの
わかりやすい場所を
選ぶ

③保存先、ファイル名を指定して、［保存］をクリックする
④［終了］をクリックする

単語登録のファイルを共有する

①保存したファイル（output1.txt）を、単語登録を共有する
　パソコンへコピーする
②コピー先パソコンの、タスクバーの通知領域の IME アイ
　コン「あ」を右クリックし、［ユーザー辞書ツール］をク
　リックする
③［ツール］メニュー→［テキストファイルからの登録］を
　クリックする
④①のファイルを選択し、
　［開く］をクリックする
⑤［終了］をクリックする

35

ひと手間だけで
コピペデータが活きる

▷ 貼り付けのオプション

　Web ページや Excel ワークシート、Word 文書で範囲選択して「コピー&貼り付け」(コピペ) すると、フォントやサイズなどの**書式**も一緒に貼り付けられてしまいます。

　貼り付けデータの右下に表示される [貼り付けのオプション] を使えば、書式変更の手間が省け、データをスムーズに活用できます。

【ExcelからWord その1】「表」として貼り付ける

例：Excel の表を Word のシンプルな表として使いたい

① Excel で表のセル範囲を選択し、コピーする (【Ctrl】+【C】)

	A	B	C	
1	第2四半期店舗別売上			
2				
3	店舗名	4月	5月	6月	合計
4	祇園店	7,445	5,940	4,680	18,065
5	銀閣寺店	9,735	6,650	5,470	21,855
6	三条店	8,865	6,000	5,945	20,810
7	北白川本店	9,270	6,900	3,905	20,075
8	合計	35,315	25,490	20,000	80,805

表のタイトルは含めずコピーする

② Excel から Word に画面を切り替えて (【Alt】+【Tab】)、貼り付ける (【Ctrl】+【V】)

店舗名	4月	5月	6月	合計
祇園店	7,445	5,940	4,680	18,065
銀閣寺店	9,735	6,650	5,470	21,855
三条店	8,865	6,000	5,945	20
北白川本店	9,270	6,900	3,905	20
合計	35,315	25,490	20,000	80,805

貼り付けの
オプション

③［貼り付けのオプション］→［貼り付け先のスタイルを使用］をクリックする

貼り付け先の
スタイルを使用

④ Word の書式（フォント、行高、列幅）に合わせて貼り付けられる

店舗名	4月	5月	6月	合計	
祇園店	7,445	5,940	4,680	18,065	
銀閣寺店	9,735	6,650	5,470	21,855	
三条店	8,865	6,000	5,945	20,810	
北白川本店	9,270	6,900	3,905	20,075	
合計	35,315	25,490	20,000	80,805	

【ExcelからWord その2】文字だけを貼り付ける

例：ExcelのデータをWord
で文字列として使いたい

① Excel で文字列を含むセ
ル範囲を選択し、コピー
する（【Ctrl】＋【C】）

② Excel から Word に画面
を切り替えて（【Alt】＋【Tab】）、貼り付ける（【Ctrl】＋
【V】）。

［貼り付けのオプション］→［テキストのみ保持］をク
リックする

貼り付けの
オプション

テキストのみ保持

セルがタブ文字に
置き換わる

「テキストのみ保持」の「タブ文字」を一気に削除する

　Excel データを「テキストのみ保持」で貼り付けると、セルが「タブ文字」に置き換わるため、［置換］で削除します。
①タブを削除する範囲（貼り付けた範囲）を選択する
②［検索と置換］の［置換］タブを開く（【Ctrl】＋【H】）
③［オプション］をクリックする
④［あいまい検索］をオフにする

⑤［特殊文字］をクリックし、「タブ文字」をクリックする
⑥［検索する文字列］に、「^t」と表示される
⑦［すべて置換］をクリック
⑧メッセージが表示されたら、
　［いいえ］をクリックする

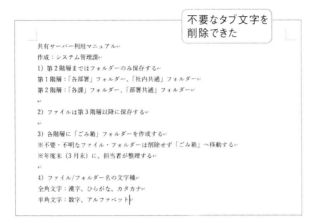

> 不要なタブ文字を
> 削除できた

共有サーバー利用マニュアル
作成：システム管理課
1) 第2階層まではフォルダーのみ保存する
第1階層：「各部署」フォルダー、「社内共通」フォルダー
第2階層：「各課」フォルダー、「部署共通」フォルダー

2) ファイルは第3階層以降に保存する

3) 各階層に「ごみ箱」フォルダーを作成する
※不要・不明なファイル・フォルダーは削除せず「ごみ箱」へ移動する
※年度末（3月末）に、担当者が整理する

4) ファイル/フォルダー名の文字種
全角文字：漢字、ひらがな、カタカナ
半角文字：数字、アルファベット

［Wordのオプション］を変更する

　［Wordのオプション］の貼り付けは、「（コピー）元の書式を保持」が既定です。

　Webブラウザーなど他のプログラムから頻繁にコピペする場合は、「他のプログラムからの貼り付け」を「元の書式を保持（既定）」から「テキストのみ保持」に変更しておくと、［貼り付けオプション］を使わず、文字列だけを貼り付けることができます。

5 章

ビジネスメールの
行き違いを減らす

　ビジネス文書に比べて、ビジネスシーンに登場して日が浅い電子メールは、ビジネスパーソン一人ひとりが悩みながら使ってきたため、自己流ゆえに不安を持つ方が多いツールです。時間はかけず、けれど相手にしっかりと伝わるビジネスメールのポイントを押さえて、メールのやり取りに自信を持ちましょう。ここではOutlookを例に解説します。

36

脱! 自己流　ビジネスメールの「型」を押さえる

▷ メール本文の構成

　ビジネスメールには、ビジネス文書のような明確な決まりごとはありませんが、押さえておきたい「型」はあります。型を押さえて、自己流の不安から脱しましょう。

メール本文の「型」

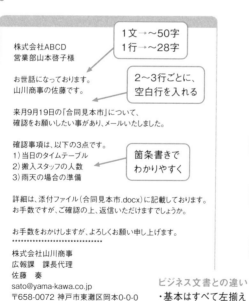

株式会社ABCD
営業部山本啓子様

1文→～50字
1行→～28字

お世話になっております。
山川商事の佐藤です。

2～3行ごとに、空白行を入れる

来月9月19日の「合同見本市」について、
確認をお願いしたい事があり、メールいたしました。

確認事項は、以下の3点です。
1) 当日のタイムテーブル
2) 搬入スタッフの人数
3) 雨天の場合の準備

箇条書きでわかりやすく

詳細は、添付ファイル(合同見本市.docx)に記載しております。
お手数ですが、ご確認の上、返信いただけますでしょうか。

お手数をおかけしますが、よろしくお願い申し上げます。
＊＊＊＊＊＊＊＊＊＊＊＊＊＊＊＊＊＊＊＊＊＊＊＊＊＊＊＊
株式会社山川商事
広報課　課長代理
佐藤　泰
sato@yama-kawa.co.jp
〒658-0072 神戸市東灘区岡本0-0-0
Tel:078-000-0000
Fax:078-000-0000
＊＊＊＊＊＊＊＊＊＊＊＊＊＊＊＊＊＊＊＊＊＊＊＊＊＊＊＊

① 宛名

② 挨拶・名乗り

③ 本文内容

④ 結び

⑤ 署名

ビジネス文書との違い
・基本はすべて左揃え
・頭語・結語不要
・時候・安否・感謝の挨拶不要

見た目の読みやすさを工夫する

・1 文 =50 文字を超える文は、2 文 3 文に分ける
　→短くするコツは、述語（〜する、〜だ）をひとつに絞る
　　こと
・1 行 =28 文字までで改行する
　→メールソフトの自動改行機能による意図しない箇所での
　　改行を防ぐ
・意味のまとまりごと（3 〜 4 行を目安）に、空白行を 1 行
　入れる

署名のポイント

・署名は、部署・組織で区切り記号や項目を揃える
　→名刺のデザインと同じく、組織の統一感・信頼感をア
　　ピール
・署名には、名刺に記載の連絡先情報を網羅する
　→郵便番号があると、荷物・郵便物の送付の際に調べる手
　　間がかからないので親切
・署名は、シンプルな記号（＊, − など）で区切る
　→謝罪やお断りの時にそぐわない記号（♪、★ など）は使
　　わないほうが無難

5
メ
ー
ル

37

在宅でメールに振りまわされない
受信のタイミング

▷ 自動受信

「いつでも待ち受け、すべてのメールに即レス」のスタンスでは、メールに振りまわされてしまいます。

ビジネスツールとしての定着に伴って、メールの用途が「電話ほど急がない、口頭では伝わりにくい用件」に落ち着いてきたようです。在宅ワークも浸透しつつある今、メールへの向き合い方も見直してみませんか?

「新しいメッセージが届いた時」の設定

メール受信で音がしたり、通知が表示されたりすると、集中力が途切れて業務効率が下がります。メールの緊急度と照らして、「新しいメッセージが届いた時」を設定しましょう。

① [ファイル] → [オプション] をクリックする

② [メール] をクリックし、[メッセージ受信] で必要な項目だけをチェックする

受信を自動にしない

　メール受信の「手動」への切り替えも、メールに振りまわ
されない設定のひとつです。

　10時、11時……など、「1時間に1回、定刻に受信する」
などのルールを決めて、メール対応をまとめて行なうこと
で、他の業務とメール対応とのメリハリがつきます。

①［ファイル］→［オプション］をクリックする

②［詳細設定］をクリックし、［送受信］をクリックする

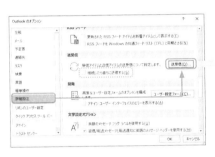

③［送受信グループ］で、［次の時間ごとに自動的に送受信を
　実行する］を設定する

　Ⓐチェックをオフにする

　Ⓑチェックをオンにして、受信間隔（分）を設定する

④Ⓐの場合、送受信が自動で行なわれないので、メール
の送受信は、［送受信］タブの［すべてのフォルダーを送
受信］（【F9】）をクリックして、手動で行なう

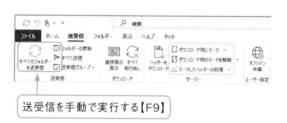

送受信を手動で実行する【F9】

接続したら直ちに送信する

［ファイル］→［オプション］→［詳細設定］の［接続した
ら直ちに送信する］をオフにすると、Outlook の起動時に、
［送受信］が実行されません。外出先で、スマホのテザリン
グ機能でネット接続している時など、通信データ量の不用意
な消費を防げます。

　この設定では、［送信］をクリックしてもメールがすぐに
送信されず、［送信トレイ］に移動し、［送受信］（【F9】）を
実行するまで送信されない点に注意が必要です。

ヘッダーをダウンロード

　テザリング時の通信データ量の節約には、［送受信］タブ
→［ヘッダーをダウンロード］のクリックで、メールのヘッ
ダー情報（本文・添付ファイル以外の差出人のアドレス、件
名など）だけ受信してメールチェックする方法もあります。

38

8割を「件名」で伝えて
お互いの時間を奪い合わない

▷ 件名

件名はメールの顔。的確な件名は相手が開封する際の重要
度・緊急度の判断の手がかりとなり、開封の順位もあがって
返信が得られやすくなります。

徹底、1メール1用件主義！

メール1通に書く用件を1件に限定することが基本です。
「件名＝用件」で検索がしやすく、複数の用件のうち1件
だけ返信して、残りが返信漏れといったミスを防げます。

5
メ
｜
ル

| 送受信
双方があとで
検索しやすい | ＋ | 受信者が
返信を
忘れにくい | ＝ | **お互いの
時間を
奪わない** |

カッコ書き【 】で目的を伝える

ビジネス文書では、件名（表題）の末尾に付けることが多
い「目的」ですが、メールでは件名の先頭が定位置です。

例：【お願い】【日程ご返信のお願い】【ご確認のお願い】
【ご回答のお願い】【お礼】【ご予定お伺い】【ご相談】
【ご依頼】【情報共有】

しかし、【重要】【至急】【お詫び】は注意が必要です。状況に応じて、他のコミュニケーション手段（電話・訪問）と併用、または使い分けないとトラブルやクレームの元です。

具体的に書く

用件、日付を件名に含むことで、具体的になります。

NGタイトル（カッコ内は状況）		OKタイトル
打ち合わせ日時について（こちらの都合で、打ち合わせ日を1週間後に変更したい）	例1	10月15日打ち合わせ日程変更のお願い
	例2	【日程変更のお願い】10/15 打ち合わせ
ご依頼の件につきまして（地域の同業者の勉強会での講演を依頼したい）	例1	「地域同業者勉強会」ご講演のお願い
	例2	【ご講演のお願い】2020年12月14日 地域同業者勉強会

重要なことは、目につく行頭（左）に入力します。本文も件名も、「大事なことほど、先に伝える」。ビジネスコミュニケーションの鉄則です。

39

5年前の常識が通用しない メールマナー

▷ 挨拶、件名、宛先指定、添付ファイルサイズ

　メールがビジネスで定着したといっても、20年程度。IT環境の進化に伴って、メールのビジネスマナーも刻々と変化しています。

社内メールの挨拶は簡略で

　宛先が社外であれば、「お世話になっております」のひと言挨拶は必要ですが、社内宛メールでは「お疲れ様です」抜きの本文（宛名 & 用件のみ）が広がっています。入力の時短だけでなく、スマホ・携帯の小さい画面でスクロールせず用件を確認したいという事情も重なっています。

　もちろん、「挨拶なし」はいきなり自分だけではじめずに、部署や社内で検討してからスタートしましょう。

件名の社内ルール

　挨拶の有無だけでなく、前項でもお伝えした【 】を使った目的の表記と使用ルールなど、社内メールの共通ルールを決めておくと、円滑 & 時短のコミュニケーションが図れます。

	社内メールの件名例	社内メールのルール例
例1	【情報共有】5月16日大型不用品収集の対象品	【情報共有】のメールには、返信不要とする
例2	【6/8午後2時〆切厳守】秋季休暇の希望日程	用件と〆切を明確に記載する 日付や時間の表記もルールで揃える

　社内メールなら、例2のように〆切日を明記して、読み手のアクションを促します。

　社外メールでも、【　】の種類を決めておくと、署名と同様、担当者間・部署間の統一感・信頼感を醸成できます。

宛先の指定

　宛先の3種類（「宛先」「CC」「BCC」）は使い分けるためにあります。

宛先（TO）	内容を確認してほしい／検討して返事がほしい
CC （カーボンコピー）	参考までに読んでほしい
BCC （ブラインドカーボンコピー）	他の受信者（TO、CC、他のBCC）には、知られず読んでほしい（内緒の宛先）

「とりあえず上司に送っておけば安心」と、「なんでもCC」で送っていませんか？

　社内メールはグループウェアやオンライン会議ツール、チャットに置き換わりつつありますが、必要な情報が必要な人に届いてこその「報連相」です。重要な情報が埋もれないように、「宛先の使い分け」の社内ルール見直しをおすすめします。

CCに全員返信!?

　CCは、「参考」「情報共有」なので、返信するとすれば発信者（送信者）のみで、［全員返信］は本来必要ありません。どこまで「返信」するのかも、メールの社内ルールに加えたいことのひとつです。

40

返信の迷いと回数を減らす

▷ 返信

　ビジネスメールの返信の基本は、「相手優先」「相手に合わせる」。文章の硬さ・柔らかさ、長さ、レスポンスの速さなど、キャッチボールは対面の会話と同じです。とはいえ、考えすぎると迷路に入ってしまいますので、返信の基本をしっかり押さえましょう。

いつまでに返信する? どれくらい返信を待つ?

　返信は早いほど喜ばれますが、上司の承認待ちなどで即答できない場合もあります。

　即答できない場合は、「改めて、○月○日○時までに返信いたします」と回答期限を明記して、なるべく早く送信します。

　送信側の「届いたかな?」の不安を解消した上で、「○時まで」と時間の目安を明らかにしておけば、返信を待つストレスを減らせます。

　自分が送信する時は、24時間は返信を待つつもりで、余裕を持って送りましょう。より早い返事がほしい時は、電話などメール以外の連絡方法を併用します。

返信メールの件名は変える?

　返信の件名は、「RE：」も含め変更せずにそのまま送ります。

　返信メールを受信した時や、メールを検索するとき、件名が変更されていると探しにくいためです。

件名変更のタイミング

　[返信]を使うと、宛先指定のミスがなく便利ですが、**"件名は話題が変わった"タイミングで変更**しましょう。同じタイミングで、過去にやり取りした本文も消去します。話題によっては返信時に宛先が追加されることがあるので、本文を消去することで情報漏洩のリスクを減らしておきましょう。

BCCで受信したメールの「全員に返信」は危険!

　「BCC」で受信したメールで「全員に返信」を選ぶと、受信したメールの「宛先」「CC」の受信者全員に、返信が届きます。送信者が他の受信者には"内緒"で送ったのに、全員に返信してしまうと、情報漏洩やトラブルを招きかねません。

　受信メールを開いて、「宛先」「CC」のどちらにも自分が表示されていなかったらBCCで受信したメールです。

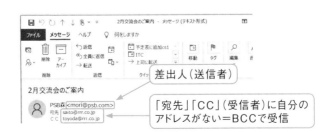

部分引用のコツ

チャット形式で吹き出しでやり取りする SNS のメール機能やショートメッセージでは、相手のメッセージをコピーして引用することはありませんが、メールは 1 通が独立しているので、引用が効果的です。

部分引用した場合も、全文引用は削除しなくて OK です。

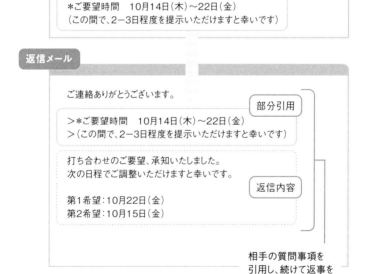

受信メール

たびたびの訪問となり恐縮ですが、同行をお願いできませんでしょうか。

*ご要望時間　10月14日(木)〜22日(金)
(この間で、2−3日程度を提示いただけますと幸いです)

返信メール

ご連絡ありがとうございます。

＞*ご要望時間　10月14日(木)〜22日(金)
＞(この間で、2−3日程度を提示いただけますと幸いです)

部分引用

打ち合わせのご要望、承知いたしました。
次の日程でご調整いただけますと幸いです。

第1希望：10月22日(金)
第2希望：10月15日(金)

返信内容

相手の質問事項を
引用し、続けて返事を
記載する

41

使わないともったいない
Outlookテンプレート!

▷ Outlookテンプレート

ビジネスメールは、ビジネス文書同様、定型的なやり取りが大部分を占めます。

以前送ったメールを開いてコピペして……、といった使い方では、固有名詞や金額・日付の上書きモレによるミスを引き起こしかねません。

3回同じようなメールを作成したら、「ひな形」「フォーマット」をつくって、時短＆ミスゼロにしましょう。

Outlookテンプレートを作成する

Outlook では、メールを「テンプレート形式」で保存して活用できます。本文だけでなく、件名や宛先も登録できます。Gmail では、「返信定型文」がテンプレートに近い機能です。

①メッセージを作成し、［名前を付けて保存］を開く（【F12】）

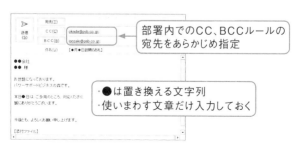

②「ファイルの種類」で「Outlook テンプレート (*.oft)」を選
択して、ファイル名と保存先を指定して保存する

保存先・ファイル名

「ドキュメント」に「メールテンプレート」フォルダーをつ
くって、用途がわかるファイル名で保存すると、活用しやす
さが増します。

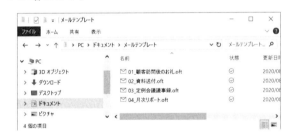

テンプレートからメッセージを新規作成する

①保存したテンプレートファイルのアイコンをダブルクリック
する。テンプレートをもとに新規メッセージが作成される

②宛先、件名、本文を編集して、送信する

42

メールだけじゃない！
文字化けの仕組みを知る

▷ 文字化け、文字コード

　最近は、メールの「文字化け」に出会うことも少なくなりましたが、いざという時に慌てないよう、対応方法を押さえておきましょう。

なぜ文字化けする？

　コンピューターは文字を「E38182」といったコード番号で扱っています。文字コードの種類が違うと、同じ文字でも割り当てた番号が異なります。

　通常、メールアプリが文字コードを「自動選択」していますが、環境（OS）やアプリの設定で送信側と受信側で文字コードが一致せずに「文字化け」が起こります。

送信側
文字コード　≠　受信側
文字コード

Outlookで文字コードを変更する

①文字化けしたメールを開く

②［ メッセージ ］タブ→［ アクション ］をクリック

③［その他のアクション］→［エンコード］をポイントし、他の文字コードに変更する

「日本語（自動選択）」に ☑ が入っている時は、別の文字コードを選び直すことで解消される場合がある

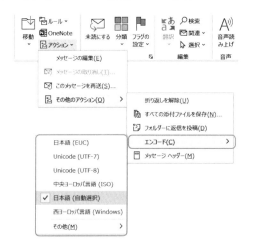

文字化けの可能性がある文字

機種依存文字（環境依存）には、メール文の中でその文字だけが「化ける」などの可能性があります。

現在、多くのメールアプリで「Unidoce（UTF-8）」が文字コードの標準になってきたの

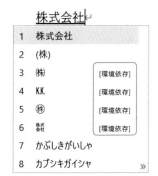

で、文字化けの可能性は低くなっていますが、仕事上の重要なメールでは、使わないほうが無難です。

　機種依存文字は、変換候補に［環境依存］と表示されます。

代表的な環境依存文字と代替例

半角カタカナ （ｱｲｳｴｵ）	全角カタカナを使用する アイウエオ
ローマ数字 （ⅠⅡⅢⅣⅤ）	半角アルファベットで代用する I II III IV V
丸付き数字 （①②③④⑤）	かっこと数字で代用する (1) (2) (3) (4) (5)
省略・単位記号 （㈱、㌢）	省略しない 株式会社、センチ

6 章

これだけ覚える
厳選ショートカット

　マウスと併用することで、作業効率を高めるショートカットキー。

　使いこなしている人を見ると、まるで魔法のように素早い動きにあこがれますが、一度にたくさんは覚えられません。ショートカットを活用するコツは、ちょっとずつ増やしていくこと。本章では厳選ショートカットを集めました。

43

ショートカットキーを
身につけるコツ

▷ キーボードの特殊キー

　すべてのショートカットキーを覚える必要はありません。ショートカットキーは自転車の乗り方と同じで、頭ではなくカラダで覚えてこそ使いこなせます。頻度の高い操作を選んで、毎日ちょっとずつ身につけましょう。

┃ショートカットキー取得のステップ

①仕事でよく使う操作のショートカットキーをピックアップする

②1週間に2〜3個を目安に、1ショートカットキーを1枚の付箋に書き出す

③付箋をディスプレイなど、パソコン操作中に目に入る場所に貼る

ちょっとずつ増やすコツ

　機能や操作ボタンには、マウスでポイントすると表示される名称の後ろに「太字（Ctrl +B）」のように、ショートカットキーが表示されているので、よく使うボタンを覚えておきましょう。

キーボードのキー配列と特殊キー

キーボードはパソコンのメーカーや機種によって配列がや
や異なりますが、主なキーの役割は同じです。文字や数字・
記号キー以外の特殊キーの名前と役割を再確認しましょう。

キー	呼び方	主な役割
Alt	オルト、オルタネート	
Ctrl	コントロール	他のキーと組み合わせて使う
Shift	シフト	
Fn	エフエヌ	ファンクションキー（【F1】～【F12】）と組み合わせて使う
Esc	エスケープ	キャンセル
Tab	タブ	項目間の移動、画面の切り替え、タブ文字の入力
Caps Lock	キャプスロック	アルファベットの大文字・小文字の切り替え
Home／End	ホーム／エンド	先頭／末尾へ移動

PgUp／ PgDn	ページアップ／ ページダウン	一画面上／下へ移動
PrtSc	プリントスクリーン	画面キャプチャ（スクリーンショット）
■ （Windows）	ウィンドウズ	スタートメニューの表示
▤ （Application）	アプリケーション （メニュー）	右クリックして表示されるメニュー の表示

ショートカットキーの利点

　マウスに持ち替える手間をなくす以外にも、ショートカットキーの利用にはメリットがあります。

　ExcelやWordがバージョンアップしても、ショートカットキーは変わりません。

　Office製品は、リボンと呼ばれる画面上部のボタンの位置やアイコンがバージョンによって異なる場合があり、とまどうことがありますが、ショートカットキーを憶えておけば慌てず操作できます。

日本語入力で使うファンクションキー

　日本語入力では、「F6～F10」で文字種を指定して変換できます。商品名などの固有名詞を入力する時に便利です。

F6：ひらがな変換　　　　　F9：全角英数変換

F7：カタカナ変換　　　　　F10：半角英数変換

F8：半角カタカナ変換

44

これだけ覚える
厳選ショートカット

▷ Windowsショートカット

それでは、イチ押しのショートカットキーをご紹介します。左端のチェックボックスは、「すでに使っている」「コレ使いたい」など、目的に合わせて利用ください。

Windows&Office共通編

※ +は同時に押す。→は順番に押す

☐	Alt + Tab	開いている画面を切り替える
☐	Ctrl + Tab	タブを切り替える
☐	Alt + F4	使用中の画面を閉じる、または作業中のプログラムを終了する
☐	Ctrl + S	上書き保存する（未保存の場合は、名前を付けて保存する）
☐	Ctrl + Z	操作を元に戻す
☐	Ctrl + Y	操作をやり直す（アプリケーションソフトによっては、操作を繰り返す）
☐	F4	直前の操作を繰り返す
☐	Ctrl + F1	リボンの表示／非表示
☐	Ctrl + F	［検索］ボックスや画面を開く
☐	Ctrl + H	［置換］ボックスを開く
☐	Ctrl + P	［印刷］画面を開く

6
ショートカット

☐	Ctrl + A	すべての項目を選択する
☐	Ctrl + C	選択した項目をコピーする
☐	Ctrl + X	選択した項目を切り取る
☐	Ctrl + V	コピー・切り取った項目を貼り付ける
☐	F2	ファイルやフォルダーの名前を変更する
☐	F12	名前を付けて保存する
☐	Shift + スペース	日本語入力オンで、半角スペースを入力する
☐	⊞	スタートメニューを開く／閉じる
☐	⊞ + D	デスクトップを表示する／非表示する
☐	⊞ +1(2)(3)	タスクバーにピン留めしたアプリを開く （左から順に1,2,3…）

Excel編

☐	Ctrl + 1	［書式設定］を開く
☐	Ctrl + D(R)	ひとつ上（左隣り）のセルと同じ内容を入力する （コピペ・オートフィルよりすばやく同じデータが 入力できる）
☐	Ctrl + ；（：）	今日の日付（現在の時刻）を入力する
☐	Ctrl + Enter	複数のセルに同じデータを一括で入力する
☐	Alt + Enter	セル内で改行する
☐	Ctrl + Page Down(UP)	次（前）のシートに切り替える
☐	F2	セル内容を編集する

☐	Ctrl + D	[フォント]を開いて、プレビューで確認しながらフォント設定できる 日本語用と半角英数字用で別のフォントを選択できる
☐	Alt → V → D	[ナビゲーションウィンドウ]を開く
☐	Alt → W → 1(2)	1ページ(複数ページ)を表示する ※見開きのレイアウトを確認するとき便利
☐	Ctrl + Alt + 1(2)(3)	見出しスタイル1(2)(3)を設定する ※スタイルをキーボードだけで設定できる
☐	Ctrl + Shift + N	標準スタイルを適用する ※書式で混乱したら、標準に戻すのがベスト
☐	Ctrl + G	特定のページに移動する(ジャンプ)
☐	Shift + Enter	段落内の改行
☐	Ctrl + Enter	改ページ
☐	Ctrl + E(R) (J)	中央揃え(右揃え)(両端揃え) ※一番よく使う配置のレイアウト
☐	F7	文章校正で文法のミスや表記の揺れをチェックして、品質アップ

6
ショートカット

PowerPoint編

☐	F5	スライドショーを開始する
☐	Shift + F5	選択しているスライドからスライドショーを開始する
☐	B（W）	黒（白）い画面を表示／スライド ショーに戻る
☐	Esc	スライドショーを終了する
☐	Ctrl + Shift + Tab	［標準］表示と［アウトライン表示］を切り替える

7章

データの整理整頓で
探すムダをなくす

　あなたの探しモノ、パソコン内の「ファイル」や「フォルダー」が高い割合を占めていませんか？

　１日に10分探していると仮定すると、年間労働日数250日を掛けると、約42時間。

　１日８時間労働だと、年間５日も、ひたすら探しているだけ!?

　探すムダは、付加価値ゼロ。データへ最短アクセスするルーティンをつくりましょう！

（労働者ひとり平均の年間休日総数 114.7 日（厚生労働省、平成 31 年就労条件総合調査）より）

45

デジタルデータ整理整頓は
デスクトップから

▷ デスクトップの整理整頓

デスクトップは片付いていますか

　デスクトップは文字通り「机の上」。効率よく質の高い仕事を行なうには、整理整頓が欠かせません。デスクトップが散らかっていると、こんなマイナスが発生します。

・やりかけ仕事のアイコンが目に入って**集中力低下、作業効率が下がる**
・プレゼンやオンライン会議の画面共有、カフェや公共交通機関で**情報が不用意にさらされる**
・**情報管理が苦手**なイメージを周囲に与える

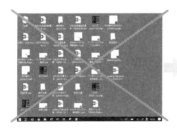

アイコンの数を数えてみよう

　整理とは**不要なものを捨てる**こと。あなたのデスクトップにアイコンはいくつありますか？　状態を確認しましょう。

～5個	スッキリ！　整理整頓上手！
～10個	落ち着いています。ほぼスッキリ。
10～15個	ちょっと探しにくくなってきました……。
15個以上	アイコン断捨離をはじめましょう！

デスクトップのショートカットメニュー

整頓とは、<u>使いやすい場所に置く</u>こと。デスクトップには、整頓に便利なメニューが用意されています。

①デスクトップで右クリックする

②［表示］、［並べ替え］で、デスクトップ上のアイコンの表示・配置を変更する

デスクトップ整理のアイデア

デスクトップに置くアイコンを、その日の業務に関連するフォルダーやファイルへの**ショートカットアイコン**だけに限定しておき、終業時に削除すると、「ごちゃごちゃデスクトップ」を防げます。

そして、翌日使うショートカットアイコンを前日に準備しておけば、業務開始がスムーズになります。

アプリはタスクバーから最短起動

　業務システムなど、使う頻度の高いアプリは、[タスクバーにピン留め] がおすすめです。

　ピン留めしたアプリの左から順に、【 Windows】 + 【1】、【 Windows】 +【2】…のショートカットキーで、アプリを最短で起動できます。

①スタートメニューを表示して、よく使うアプリを右クリックする

②[その他] → [タスクバーにピン留めする] をクリックする

Google Chromeを
タスクバーにピン留めする

ピン留めしたアプリ

【Windows】+【5】で
起動

46

フォルダーウィンドウの設定を見直す

▷ クイックアクセス

［エクスプローラー］の「クイックアクセス」にフォルダーを登録すると、よく使うフォルダーをすばやくオープンできます。デスクトップのショートカットアイコンも便利ですが、デスクトップに切り替える手間と、数が増えるとデスクトップが散らかるというデメリットがあります。

クイックアクセスに登録する

① 登録するフォルダーを右クリックする
② ［クイック アクセスにピン留めする］をクリックする

クイックアクセスから削除する

① クイックアクセスのフォルダーを右クリックする

7

整理整頓

②［クイック アクセスからピン留めを外す］をクリックする

クイックアクセス、保存の時も便利!

　［名前を付けて保存］の時も、保存先に「クイックアクセ
ス」に登録したフォルダーが表示されます。よく使う保存先
をすばやく指定できます。

タスクバーで最短アクセス

　タスクバーの［エクスプローラー］を、ショートカット
キー（【■ Windows】＋【Alt】＋【タスクバーの配置番号】）
で展開し、【方向キー】で選択して【Enter】を押すと、マ
ウスを使わず最短でフォルダーを開くことができます。

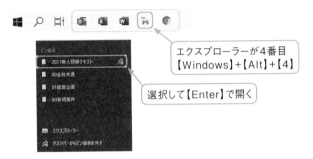

エクスプローラーが4番目
【Windows】＋【Alt】＋【4】

選択して【Enter】で開く

クイックアクセスの注意点

　便利なクイックアクセスですが、オンライン会議の画面共
有や客先でパソコン画面を開いた時に、顧客名入りのフォル
ダーが見えてしまうリスクがあります。打ち合わせ・商談の
前に、クイックアクセスを折りたたんで隠しておきましょう。

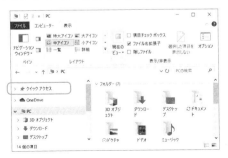

7 整理整頓

また、［フォルダーオプション］を開くと、［プライバシー］設定の初期状態では、クイックアクセスにフォルダーが勝手に追加される設定になっています。2つのチェックをオフにすることでうっかり情報漏洩が防げます。

2つの☑をオフにすれば、
フォルダーが勝手に
表示されない

　［フォルダーオプション］は、フォルダーウィンドウの［表示］タブ→［オプション］で開きます。

47

ファイルやフォルダーの名前付けルール

▷ ファイルやフォルダーの名前

　データは情報資産です！　個々人がそれぞれのルールで管理しては、せっかくのデータを組織で活かせません。データ管理は、チーム・部署・会社、組織で取り組みましょう。

コツは半角の数字・アルファベットからはじめる

　フォルダー名、ファイル名を**半角英数（数字・アルファベット）**から命名すると、次のメリットがあります。

・フォルダーでの並び順にルールができる（個別の名称に左右されない）

・日本語入力オフの時、キーボードで**半角英数**を入力してジャンプ選択できる

①フォルダーウィンドウを開く

②日本語オフの状態で、キーボードで英字（または数字）を打鍵する（英字の大文字・小文字はどちらでも OK）

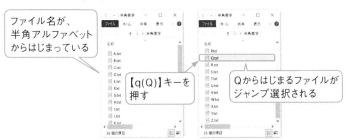

ファイル名が、半角アルファベットからはじまっている

【q(Q)】キーを押す

Qからはじまるファイルがジャンプ選択される

7 整理整頓

半角英数からはじめる名前付けの例

名前付けパターン	ファイル・フォルダー名の例
01,02,03（1-2桁）の連番	01総務、02人事、03開発 （共有サーバー上位階層での部署フォルダー）
	01研修、02給与、03退勤 （業務分類のフォルダー）
ローマ字表記の頭文字（1-2文字）	SO総務、JI人事 （共有サーバー上位階層での部署フォルダー）
	Aあさひ商事、Bビジネスサポート （顧客名のフォルダー）
英数を組み合わせる	A01研修、A02給与、B03退勤 （業務分類のフォルダー）
年月日を組み合わせる	210401新人研修テキスト （実施日、作成日など日付に係るファイル・フォルダー）
分類を区切り記号でつなげる	001-02-01研修運営マニュアル （階層化した業務分類に係るファイル・フォルダー）

**想定されるファイル・フォルダーの数に応じて、
区別しやすい桁数・文字数を設定する**

ルール化しておきたいこと

・全角・半角のルール

　例：英数字・区切り記号は半角のみ、カタカナは全角

・日付のルール

　例：年月日2桁（2021年4月8日→210408）で表示する

・区切り記号のルール

　例：「-（ハイフン）」のみ使用する

データの管理は「組織ぐるみ」で行なう（マニュアル例）

ファイル・フォルダー運用マニュアル

情報の管理・共有を目的として、ファイル・フォルダーは以下の方法で運用する。

1）第2階層まではフォルダーのみ保存する
　　第1階層：「各部署」フォルダー、「社内共通」フォルダー
　　第2階層：「各課」フォルダー、「部署共通」フォルダー

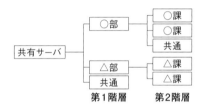

2）ファイルは第3階層以降に保存する

3）各階層に「ごみ箱」フォルダーを作成する
　　※不要・不明なファイル・フォルダーは削除せず「ごみ箱」へ移動する
　　※「ごみ箱」フォルダーは、年度末（3月末）に、担当者が整理する

4）ファイル・フォルダー名には、次の文字種を使用する
　　全角文字：漢字、ひらがな、カタカナ
　　半角文字：数字、アルファベット

5）第3階層のフォルダー名は、「2桁の連番+半角アンダーバー」からはじめる
　　例）01_フォルダー名、02_フォルダー名、11_フォルダー名

6）第4階層以降のフォルダー（ファイル）名は、「日付6桁+半角アンダーバー」
　　からはじめる
　　例）210810_フォルダー（ファイル）名
　　※例外）顧客名フォルダーは日付不要

7）作成途中のファイル名の末尾に、「半角アンダーバー+バージョン番号2桁」
　　を付ける
　　例）210705_展示会_01

以上

8章

在宅勤務は
仕事を磨くチャンス!

　新型コロナの影響で、準備十分とはいかない状況で、急激に広がった在宅勤務。ほどなく聞えてきたのは、「コミュニケーションの難しさ」に関する声でした。

　隣りの席に誰もいない、同じ場所ではない環境で、情報共有を円滑にし、効率を高める工夫が求められていますが、いつでも聞ける人がいない状況は、実は個人スキルを磨くチャンスでもあります。

48

Excel・Wordに
コメントを追加して共有する

▷コメント

　データを共有して仕事を進める中では、「この数字の出所は?」「タイトルを変更しました」といったやりとりが発生します。テキストボックスを使って、吹き出しを付ける方法もありますが、見逃しや削除のし忘れが心配です。そんな時は、「コメント」機能でやり取りします。

Wordのコメント機能

　挿入したコメントには、スレッド形式で返信できます。
　[校閲]タブで、コメントの表示/非表示や一括削除を行なえます。

①コメントの対象範囲を選択して、右クリック→[新しいコメント]をクリックする
②コメントを入力する

Excelでコメント

　最新の Excel では、Word と同様に返信できるスレッド形式のコメントが使えます。Excel のコメントは、セルに設定しますが、[校閲] – [コメントの表示] で、画面右側にウィンドウ表示できます。

　コメントの削除は [校閲] タブで行ないます。

①コメントの対象セルを右クリック→ [新しいコメント] をクリックする

②コメントを入力し、【Ctrl】+【Enter】で投稿する

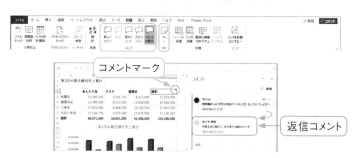

Excelのメモ

　Excel では、セルに返信機能のない「メモ」を追加することもできます。以前のバージョンでは、メモがコメントと呼ばれていました。セルの右クリック→ [新しいメモ] で、追加できます。

49

オンライン会議の
うっかり情報漏洩を防ぐ

▷ オンラインでの画面共有リスク

　ビジネスコミュニケーションのツールとして定着してきたオンライン会議ツールでの打ち合わせやミーティング。印刷物ではなくデータをリアルタイムに共有できる便利さの反面、思わぬところに情報漏洩のリスクが潜んでいます。対策ポイントを押さえておけば、焦らずに済みます。

「デスクトップ画面」の共有リスク

　「画面」を共有すると、デスクトップ上のアイコンや、開いているファイルが丸見えになる

【対策ポイント①】Excelなどアプリケーションウィンドウを共有する

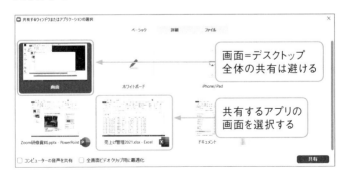

【対策ポイント②】デスクトップのアイコンは、オンライン前に非表示に設定する。デスクトップ上で右クリック→［表示］→［デスクトップアイコンの非表示］をクリックする

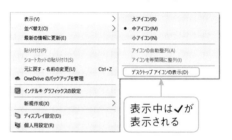

表示中は✔が
表示される

ブラウザー画面の共有リスク

Google Chrome や Microsoft Edge などブラウザー画面を共有する際、他のタブのタイトルや、ブックマークバー（お気に入りバー）まで見えてしまう

【対策ポイント】ブラウザーでは共有するタブ以外は開かず、オンライン前にブックマークバーを非表示に設定する。

① Google Chrome の
設 定：画 面 右 上 の
［設定］ボタンをク
リックする
②［ブックマーク］→
［ブックマークを表

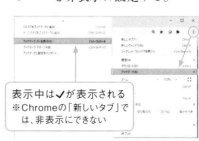

表示中は✔が表示される
※Chromeの「新しいタブ」で
は、非表示にできない

8
在宅勤務

示]をクリックする

入力履歴からのリスク

入力する際に、「変換候補」に今までの変換履歴から固有
名詞などが表示される

【対策ポイント】オンライン
前に、IMEをプライベート
モードにオン（有効）にす
る。

設定中：

①タスクバーの右端（通知領
　域）のIMEのアイコンを
　右クリックする
②［プライベートモード（オン）］をクリックする
「入力履歴」を消去する

タスクバーの右端（通知領
域）のIMEのアイコンを右
クリック→［プロパティ］→
「Microsoft IMEの設定」画
面で入力履歴を消去できま
す。

今までの入力履歴を
すべて消去する

50

マウス・ディスプレイ……
周辺機器で効率を上げる

▷ 周辺機器

　パソコンまわりの必須の周辺機器（デバイス）といえば、ディスプレイとマウスにキーボード。手や目に一番近い周辺機器は、作業効率アップと直結しています。パソコンに向かう時間が長くなりがちな在宅勤務こそ「デバイスの見直し」時です。それをオフィスワークにも活用しましょう。

ノートパソコンこそ増設がおすすめ

　ノートパソコンは画面の位置が低く前かがみの姿勢を取りがちです。ノートパソコンスタンドで高さをプラスするのもおすすめですが、効率と健康のためにディスプレイの追加をおすすめします。

意外に簡単デュアルディスプレイ

　パソコンとディスプレイの接続規格には、HDMI、VGA、DisplayPort、DVI と、様々な端子があります。パソコンの規格に合わせてディスプレイと接続ケーブルを準備したら、先にディスプレイの電源を入れてから、パソコンを起動します。

　2 画面にどのようにデスクトップを映すかは、【■Windows】＋【P】で設定します。

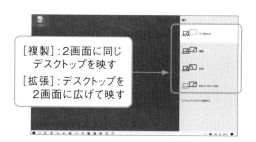

[複製]：2画面に同じ
　デスクトップを映す

[拡張]：デスクトップを
　2画面に広げて映す

さらに2画面を設定する

　デスクトップの何もないところで右クリックして、[ディスプレイ設定] をクリックします。

　それぞれのディスプレイの解像度や文字（テキスト）の拡大表示、ディスプレイの左右の位置など、使いやすいように設定できます。％で変更できるサイズ変更は、1台のディスプレイでも便利な項目です。

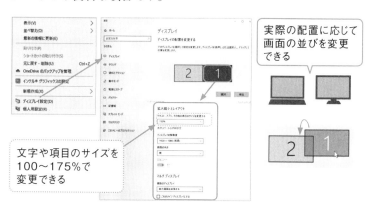

実際の配置に応じて
画面の並びを変更
できる

文字や項目のサイズを
100〜175％で
変更できる

マウス・キーボードの買い替えはコスパ大!

パソコンの最新機種への買い替えはもちろん作業効率を高めますが、マウスやキーボードの買い替えの効率化は費用対効果で考えると、本体の買い替え以上かもしれません。

ワイヤレスのマウス・キーボード

マウス・キーボードの購入時には、自由度を高める「ワイヤレス」製品をぜひ検討ください。コードが絡まるストレスもなく、在宅−出勤間のPC環境の持ち運びもラクです。

マウス・キーボードのワイヤレス方式には、「USBレシーバー接続タイプ」と「Bluetooth（ブルートゥース）接続タイプ」があります。

スマホでおなじみの「Bluetooth」を搭載したパソコンなら、パソコン側には追加不要でBluetooth対応の周辺機器と接続できます（搭載がない場合は、USB接続のBluetoothアダプターの利用で接続できます）。

・Bluetooth搭載の確認：［スタート］ボタンを右クリック
　→［デバイスマネージャー］をクリック

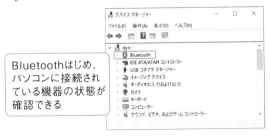

Bluetoothはじめ、パソコンに接続されている機器の状態が確認できる

マウスとキーボードは触って選んで

　マウスのクリックやキーボードの打鍵の感触には、値段では測れない「好み」や「合う・合わない」があります。ネットのクチコミも参考になりますが、可能なら店舗で実際に触ってみてください。マウスの微妙なサイズはネットショップではわかりません。

　私が仕事でパソコンを使いはじめたのは、大学の工学部の研究室でアルバイトした時です。講師の先生の手書き原稿をワープロソフトで入力してレイアウトを整えたり、表計算ソフトで表やグラフをつくったりするアシスタント業務でした。

　ワープロ専用機（今ではタイプライター並みに化石ですね）の使用経験はあっても、本格的なパソコンは初めて。マウスの操作にも戸惑う初心者スタートでしたが、「同じことを毎回やっていて、めんどうくさい」「近道できるやり方があるはず！」と、同じことをコツコツ繰り返すのが苦手な性格がプラスに働いて、その後のパソコンインストラクターへの道とつながりました。

　パソコンスキルの指導を続けるうちに、「仕事の仕方、仕事をする人・組織」へと関心が広がり、現在は事務改善・マニュアル作成支援を中心とした研修やコンサルティングを行なっています。

　コンサルティングでは、現状分析や改善指導のために、現場での観察やヒアリングを行ないます。そんな中、仕事が「できる人」の中に、「もったいない」パソコン操作をしている人が意外と多いことを発見しました。

　高速のキーボード打鍵とマウスのクリックで、まわりには

「パソコンが得意」「スピード操作」と映っていても、実は遠まわりの操作が多く、慣れと量でカバーしているといった残念な状態です。

　さらにその遠まわりには、難易度が高い機能を知らないからというより、範囲選択やコピペ・入力などの基本操作の"もったいない"が占める割合が圧倒的に多いのです。そして、真面目な人ほど、この傾向は強いと感じました。

　そこにかける「時間」も「労力」も、より大切なことに使えるはずなのに、もったいない！

　本書は、そんな彼女・彼たちの顔を思い浮かべながら執筆しました。

　パソコンは仕事の道具ですが、はじめから完璧な道具ではなく、使いながら馴染ませていく相棒のような道具だと思います。
　本書では「パソコンに使われる」のではなく、仕事を助けてくれる相棒にするために、日頃よく使う機能を集めました。その結果、登場順も「入門→初級→中級→上級」といった機能の難易度順ではなく、まぜこぜになっています。

めんどうなことをめんどうと思っていない真面目なあなたへ。もちろん、めんどうくさくない方法を探すのがめんどうなあなたへ。
　ひとつ、いえ、たくさんお役に立てることを願っています。

　2021 年 2 月　　　　　　　　　　　　　　　　森田圭美

著者略歴

森田 圭美（もりた たまみ）

株式会社ビジネスプラスサポート　人財育成プロデューサー
IT（Microsoft 製品オフィシャルトレーナー）分野から講師業をスタートし、「わかりやすい、現場ですぐ使える」インストラクション技術を習得。研修・セミナー・コンサルティングの場で、「『人と人』『仕事と人』『人と組織』を笑顔で結ぶ」をモットーに、「合点！」の笑顔と行動を引き出している。
事務改善・IT 業務改善、マニュアル作成支援を軸として、コミュニケーションやチーム活性化と、多面的に組織のヒューマンパワー活性化をサポートしている。
熊本市出身、京都市在住。IT コーディネーター／組織変革プロセス ファシリテーター。
著書に『Word で誰でもつくれる！　本当に使える業務マニュアル作成のルール』がある。

監修

株式会社ビジネスプラスサポート

"輝く人財づくりを支援する"を理念に、「仕事の生産性向上」「働きがい向上」「キャリア開発」の分野で、人と組織が豊かで幸せになるための人財育成支援を行なっている。単なる知識やスキルだけではなく、豊かな人間性やセンスを磨くための考え方や行動についても啓蒙している。　https://j-bps.com/

在宅勤務にも活用できる！
今さら聞けないパソコン仕事の効率アップ50

2021 年 2 月 18 日　初版発行
2023 年 1 月 10 日　2 刷発行

著　者 —— 森田圭美

監修者 —— 株式会社ビジネスプラスサポート

発行者 —— 中島豊彦

発行所 —— 同文舘出版株式会社

東京都千代田区神田神保町 1-41　〒101-0051
電話　営業 03（3294）1801　編集 03（3294）1802
振替 00100-8-42935
http://www.dobunkan.co.jp/

©T. Morita　　　　　　　　ISBN978-4-495-54083-8
印刷／製本：萩原印刷　　　Printed in Japan 2021